Dr. Lutz Knoche

Glück ist kein Zufall

Positives Denken allein reicht nicht

Dieses Buch ist eine Neufassung zum Buch

„Werde zum Schöpfer Deines Lebens"

AF175159

Herstellung und Verlag

BoD - Books on Demand, Norderstedt

ISBN: 9783752688665

Zum Autor

Dr. Lutz Knoche arbeitete viele Jahre als Psychotherapeut und als Coach. Seit einigen Jahren hat er begonnen Ratgeber zu schreiben, die auf sein Wissen und seinen praktischen Erfahrungen beruhen. In seinen Büchern bezieht er Fallbeispiele aus seiner Praxis ein und stellt bewährte Übungen für eine unmittelbare Hilfe vor. Neben der klassischen Psychologie hat er therapeutische Hypnosen und bioenergetische Methoden entwickelt und erfolgreich angewandt. Er arbeitete mit vielen Menschen aus allen Schichten, mit sozialbenachteiligte Jugendlichen, Paaren, jungen Unternehmern im Erfolgscoaching, Politiker, Unternehmer, Geschäftsführer und Künstler. Jetzt will er hauptsächlich sein Wissen und seine Erfahrungen durch Veröffentlichungen vielen Menschen zugänglich machen.

MIX
Papier aus verantwortungsvollen Quellen
Paper from responsible sources
FSC® C105338

FSC
www.fsc.org

3

Glück ist kein Zufall

Positives Denken allein reicht nicht

Inhaltsverzeichnis

1. Vorwort

Viele Menschen glauben nicht an Zufälle. Wenn es aber kein Zufall ist, was ist es dann? Handelt es sich hier um Fügungen einer höheren Macht? Ich denke, dass wir diese „Fügungen", die nicht zufällig sind, selbst bewusst aber hauptsächlich unbewusst hervorrufen. Es ist ein realer Prozess, wenn auch nicht ganz unkompliziert.

Egal welche Zielen oder Wünsche Sie haben, ihre Erfüllung ist immer durch Kooperation mit anderen verbunden. Nur durch viele Arten der direkten und indirekten Kooperation werden Sie zu dem Menschen, der Sie sind.

Bitte folgen sie mir:

Ohne Kooperation mit anderen sind Sie nicht lebensfähig. Erst wenn Sie anfangen mit anderen zu kooperieren, fangen Sie an zu leben. Das schon gleich ab bzw. vor Ihrer Geburt. Wie Ihr Leben dann verläuft, hängt ausschließlich davon ab, welche Kooperationen Sie eingehen. Die Ihnen in einer unendlicher Vielfalt angeboten. Wenn Sie also wissen, was Sie wollen, dann müssen Sie nur nach den richtigen Kooperationen suchen. Das ist schwieriger als gesagt. Sie müssen Ihre Ziele genau beschreiben, erkennen welche Kooperationen Sie dafür eingehen müssen und wie Sie sie bekomme. Dabei sind direkte Kooperationspartner Menschen, denen Sie persönlich begegnen. Auch alle Produkte und Dienstleistungen, die sie nutzen, sind direkte Kooperationen mit den Herstellern und Dienstleistern. In diesen Fällen müssen sie also nur die richtigen Kooperationspartner erkennen. Aber auch das kann manchmal sehr schwierig sein.

Wichtiger und noch schwieriger geht es bei den Indirekten zu. Das sind zum Beispiel Menschen, die einen Fahrplan ändern. Dadurch kommt ein Gast später als üblich ans Ziel und nur deshalb begegnen sie ihn. Der vielleicht ein geeigneter Kooperations- oder Lebenspartner für sie wird. D.h. der Mensch, der den Fahrplan geändert hat, hat mit Ihnen indirekt kooperiert. Beide Arten der Kooperation können Sie beeinflussen, um ihr Ziel zu erreichen, auch die indirekten. Dazu gibt einen Weg. Den werde ich Ihnen in diesem Buch vorstellen.

Erfolgreiche Menschen benutzen dafür nicht nur ihren Verstand. Bewusst, aber meist unbewusst, nutzen sie vor allem ihr „Unterbewusstsein". Dort schaffen sie durch Gedanken und Gefühlen zielgerichtete, direkte und indirekte Kooperation. Gleichzeitig schwächen sie oder schalten störende und blockierende Kooperationen aus. Wie Sie das durch die Nutzung ihres Unterbewusstseins herstellen oder verändern, zeige ich Ihnen. Wenn Sie das verstehen und beherrschen, erreichen Sie alles, was Sie sich wünschen. Ich zeige Ihnen, welche Fehler immer wieder dabei gemacht werden und erkläre Ihnen Schritt für Schritt wie Sie Ihre Ziele erfolgreich umsetzen.

Einige von Ihnen haben sich sicherlich schon mit Wunscherfüllungsmethoden beschäftigt. Es gibt eine große Anzahl von mehr oder weniger wissenschaftlichen erfolgversprechenden Ansätzen. Dazu gibt es viele Bücher, wie zum Beispiel: Das Buch der Geheimnisse" von Deepak Chopra, das erklärt wie man durch Glauben und intensives wünschen seine Träume erfüllt. Ähnliche Bücher wie, „Die Macht Ihrer Gedanken" von Erhard F. Freitag, „Die Macht ihres Unterbewusstseins" von Joseph Murphy, „Die sieben geistigen Gesetze des Erfolgs" von Deepak Chopra usw., zeigen Wege zur Wunscherfüllung auf. Über Letzteres habe ich ein kleines Coaching Buch, „Coaching zu: Die sieben geistigen Gesetzen des Erfolgs" nach Deepak Chopra in Deutsch und englischer Sprache als E-Book geschrieben. Es erfreut sich großer Beliebtheit. Ich gehe davon aus, dass schon einige von Ihnen versucht haben diese Methoden anzuwenden. Aber nur mit mäßigen Erfolg. Dabei gibt es wirklich gute Methoden, die zur Wunscherfüllung führen. Entscheidend ist, dass Sie die richtigen Voraussetzungen schaffen, Ihre Ziele unmissverständlich formulieren und ihre Gedanken und Gefühle auf Wunscherfüllung ausrichten. Dazu gibt es ausreichend wissenschaftliche Experimente und Erkenntnisse aus den verschiedensten Bereichen, die den Erfolg dieser Methoden dokumentieren. Von einigen werde ich ihnen berichten.

So wurden in der Teilchenphysik Phänomene entdeckt die weder einen Raum noch eine Zeit haben, also nicht aus der materiellen Welt stammen können. Trotzdem wurden sie mit hochempfindlichen Messgeräten entdeckt. Was sind das für Phänomene? Wo kommen sie her, wenn sie nicht auf unserer materiellen Welt sind? Eine bewiesene Erklärung gibt es nicht. Vielleicht werden sie ja erst durch unser Denken und Füllen zu etwas, nach unseren Vorstellungen. Wie in der Quantenphysik experimentell nachgewiesen. Wenn also nicht Materie, dann Bewusstsein. Wenn es in dieser Form auch nicht aus unserem Zeit und Raum geprägten Bewusstsein kommen kann, dann im universellen Bewusstsein. Das universelle Bewusstsein hat keine Zeit und keinen Raum, genau das, was diese entdeckten Phänomene auszeichnet. Das würde bedeuten, dass die materielle Welt übergangslos mit dem Bewusstsein verbunden ist und die Materie durchströmt. Die materielle Welt, auch wir, bestehen demnach nicht nur aus Materie, sondern auch aus universellem Bewusstsein. Beides existiert nicht nebeneinander, sondern als Ganzes ineinander. Diese Phänomene existieren überall, auch in uns. Was also schon seit tausenden von Jahren als göttlicher Funke in jedem Menschen gesehen wurde, wird jetzt verständlich. Die weitere logische Schlussfolgerung ist, jeder ist ein Teil des universellen Bewusstseins. Wenn wir das erkannt haben, und erkennen, wie die Verbindung zwischen Materie und Bewusstsein funktioniert und zu welchen Zweck, dann haben wir Möglichkeiten, die uns bis heute nicht bewusst waren. Es gibt also einen Weg, auf dem wir unser Leben zielgerichtet durch Denken und Fühlen schöpferisch gestalten können. Dafür erhalten sie eine ausführliche Anleitung. In Verbindung damit möchte ich ein anderes nachgewiesenes Phänomen erwähnen:

In der neurologischen Forschung wurde eine bahnbrechende Entdeckung gemacht. Wenn wir anfangen über eine Sache nachzudenken, fängt für einen Bruchteil einer Sekunde unser Gehirn schon vorher an zu reagieren. Also bevor es uns überhaupt einfällt, über etwas nachzudenken. Da kommen also Impulse unabhängig von uns und beeinflussen unser Denken und Handeln. Man nimmt an, dass sie aus dem Unterbewusstsein kommen. Aber warum? Was sind das für Impulse? Wer oder was initiiert sie, da wir selbst es ja nicht sein können? Können wir Sie aber trotzdem gezielt beeinflussen? Für alle diese Fragen werden sie hier eine Antwort finden.

Ich werde viele Fallbeispiele beschreiben und ausführliche Anleitung zur Wunscherfüllung geben. Jeder kann es einfach für sich nutzen. Ich möchte aber nicht, dass sie mir einfach glauben, weil ich ihnen tolle Versprechungen mache. Sondern ich möchte sie mit dem Verstand überzeugen. So wird die Wunscherfüllung zu einem komplexen Vorgang, der in diesem Buch aufgeschlüsselt und genau erklärt wird. Einen hohen Stellenwert nimmt dabei der Abbau der Blockaden ein. Sie halten Sie immer wieder von Ihrer Wunscherfüllung ab. Das sind Glaubenssätze, Vorurteile, Zweifel, Enttäuschung und vieles mehr. Dabei ist die Selbsthypnose eine äußerst wirkungsvolle Methode dagegen vorzugehen. Es ist nun einmal unbestritten, die Hypnose ist die stärkste Kraft in unserem „Unterbewusstsein" die Blockaden frei setzen und auflösen kann. Aber die sie kann noch mehr als nur das. Wir können damit in unserem „Unterbewusstsein" gezielt arbeiten und positive Veränderungen vornehmen. Und die führt zu neuen Erkenntnissen. Es öffnet sich eine neue Tür des Bewusstseins. Wir betreten einen Raum, der uns noch fremd ist und ungeahnte Möglichkeiten eröffnet.

Ich werde Ihnen erzählen, was ich von diesem Raum schon weiß. Wie und warum sich Ereignisse in der Zukunft manifestieren. Warum Wünsche dann mit großer Wahrscheinlichkeit wahr werden. Wissenschaft, Quantenphysik und Spiritualität verschmelzen miteinander auf natürliche und verständliche Art und Weise. Wenn sie das einmal zulassen, verlassen sie das materielle, leistungsbezogene und marktwirtschaftliche Weltbild. Das ist wiederum der entscheidende Schritt für den Fortbestand der Menschheit. Jeder Mensch hat evolutionäre Instinkte, die ihn die Wahrhaftigkeit einer Aussage oder eines Erlebnisses erkennen lassen. Lassen sie es einfach mal zu.

Sie erfahren alles was sie tun müssen, um Schöpfer Ihres eigenen Lebens zu werden, und was Sie bisher davon abgehalten hat, trotz der besten Vorsätze.

Es existiert ein universelles Bewusstsein. Es ist mit jedem Einzelnen verbunden. Mit dem Sie über Ihr „Unterbewusstsein" durch Ihre Gedanken und Gefühlen kooperiert. Das beweise ich Ihnen. Es ist alles schon da. Es muss nur zusammen gefügt werden. Wir können daraus Neues erkennen, was unserem bisherigen Weltbild noch unbekannt ist. Sie, mit Ihren Gedanken und Gefühlen, sind ein Teil von einem Ganzen und mitten drin. Über Ihre Gedanken und Gefühle schöpferisch auf die Realität einzuwirken, um Ihre Wünsche wahr werden zu lassen, das ist ein neuer Weg, mit hohen Potenzial und vielen Möglichkeiten.

Erkenntnissen, die nicht in unser altes Weltbild passen, werden erst einmal, trotz unzähliger nachweisbaren Experimenten, von vielen ignoriert oder abgelehnt. In diesem Fall führt es uns sogar über unsere festverankerte materielle Sichtweise hinaus. Das ist besonders schwer zu akzeptieren. In diesem Fall betrifft es aber jeden Einzelnen persönlich. Denn Sie können sofort nach diesem Buch, in Ihrem Leben, mit Hilfe Ihrer Gedanken und Gefühle, Ihre

Wünsche erfüllen und ein erfolgreiches, glückliches und erfülltes Leben führen. Egal wie andere darüber denken. Es liegt nur an Ihnen. In vielen Bereichen der Psychologie, Medizin, Physik, Quantenphysik und anderen Wissenschaftsgebieten, wurde Puzzle dafür erkannt und experimentell nachgewiesen. Zwei davon habe ich schon im Vorwort genannt. Sie müssen nur noch diese neuen Schritte gehen und lernen, sie umzusetzen.

In diesem Buch erfahren Sie nun aus meiner 20 jährigen praktischen Erfahrungen, logisch und einfach umzusetzen, wie Sie aus allen den Erkenntnissen zu einer höheren Bewusstseinsebene gelangt. Wie Sie sich als Mensch aus Ihrer materiellen beschränkten Bewusstseinsebene befreien und mit anderen Ebenen gezielt kooperieren, die Sie voranbringen. Das kann einen Beitrag dazu leisten, dass Sie auf eine völlig neue Art und Weise Ihr Leben positiver gestalten. Und, wenn Sie es einmal verstanden und umgesetzt haben, sparen Sie sich viel Zeit und kommen schneller an Ihre Ziele. Ihr Leben wird erfüllter und glücklicher werden.

Ich wünsche ihnen spannende Unterhaltung beim Lesen und viel Erfolg bei der Umsetzung.

2. Verstand und Bewusstsein

Der Verstand wird meist mit dem rationalen Denken gleichgesetzt. Wir sammeln persönliche Erfahrungen und eignen uns Wissen von außen an. Aus diesem Wissens- und Erfahrungsschatz treffen wir tagtäglich hunderte von Entscheidungen. Es entsteht ein Selbstbewusstsein und unserer EGO. Jeder glaubt für sich richtig zu denken und richtig zu handeln. Er oder Sie befinden sich in ihrem eigenen kleinen EGO- Universum. Kapselt sich aber dadurch oft von neuen Ideen und Wissen, vor allem aber vom viel klügeren universellen Bewusstsein ab.

Um es mit meinem eigenen EGO humorvoll auszudrücken: *„Jeder macht mal Fehler, vielleicht auch ich."*

Alles was aus Ihrem Verstand hervorgebracht wird, ist die Summe Ihres Wissens und ihrer Erfahrungen und nicht die absolute Wahrheit. Dazu kommen auch Ihrer Vorurteile und Glaubenssätze. Kein Mensch weiß alles und hat alles erfahren, so dass Ihre Meinungen, Ihre Überzeugungen und Entscheidungen immer nur auf Halbwahrheiten und persönlichen richtigen und falschen Glaubenssätzen aufbauen.

Wir treffen Entscheidungen auf Grund unseres Wissens und unseren Erfahrungen. Hat sich eine Entscheidung bewährt oder mehrfach bewährt, dann wird sie als „richtig" gespeichert und bei ähnlichen Situationen wieder herausgeholt.

Die Fragen sind nur: Hat sie sich wirklich bewährt? Wie waren denn mittel- und langfristig die Auswirkungen? Und wenn es sich tatsächlich bewährt hat: Muss sie dann in einer ähnlichen Situation und zu einer anderen Zeit richtig sein?

In meinem Coaching stelle ich diese Fragen häufig und lasse nicht locker, bis sie ehrlich beantwortet wurden. Das Ergebnis ist meist niederschmetternd. Es zeigt sich, dass wir in unserer Unvollkommenheit der eigenen Erfahrungen und Halbwissens gar nicht in der Lage sind oft richtige Entscheidungen langfristig zu treffen. Leider leben aber die meisten Menschen heute danach.

Oder wir glauben einem Menschen mehr als dem Anderen. Das kann richtig sein. Es kann aber auch sein, dass der, den man glaubt nur gut reden oder manipulieren kann. Ein passendes Beispiel finden sie da in Wahlkämpfen. Die Demokratie ist schon im alten Griechenland auf Reden mit falschen Behauptungen und Versprechungen sowie Manipulation aufgebaut. Heute wird das mit allen Methoden der Technik und der Psychologie perfektionierte. Dafür gibt es Spezialisten. Die Frage ist erlaubt: „Was sind da noch demokratischen Wahlen wert?"

Durch falsche Glaubenssätze werden Menschen und Situationen unrealistisch interpretiert. Das Denken wird falsch aktiviert und führt demzufolge zu falschen Handlungen. Diese Glaubenssätze wiederum nur mit dem Verstand und rational zu verändern führt meist nicht zu einer nachhaltigen positiven Veränderung. Sie sitzen tief in uns und sind gefühlsmäßig und emotional gebunden. Diese

Kräfte sind stärker als unser Verstand. Aber es gibt Lösungen. Die erkläre ich Ihnen in den nächsten Kapiteln.

Lassen sie mich zuerst in diesem Kapitel noch ein anderes Phänomen erörtern.

Sicherlich ist es Ihnen auch schon so ergangen. Ihre Entscheidung oder Ihr Verhalten entspricht nicht Ihrem Verstand. Sie wissen genau, es ist falsch zum Bsp. Angst zu haben. Sie kommen aber nicht dagegen an. Trotz EGO und Verstand. Hier wirken stärkere Kräfte die sie angeblich nicht beeinflussen oder nur schwer damit umgehen können.

Wo kommt diese starke Kraft her?

Sie kommt aus Ihrem „Unterbewusstsein". Das „Unterbewusstsein" wird häufig mit einem Eisberg verglichen. Wobei der obere Teil über der Oberfläche als Bewusstsein und der um ein vielfaches größere untere Teil als „Unterbewusstsein" bezeichnet wird. Zur Veranschaulichung ist dieser Vergleich geeignet.

Bleibt man bei dieser Erklärung stehen, wird das „Unterbewusstsein" als Sammelsurium aller Erfahrungen und Emotionen angesehen, die wir dort gespeichert haben. Weil das Bewusstsein es nicht für notwendig hielt, dass wir uns daran erinnern oder, weil wir uns nicht mehr erinnern wollen, ist es ins Unterbewusstsein gelangt. Letzteres führt zu Denk- und Gefühlsblockaden. Die beeinflussen unbewusst unser Fühlen und Denken. Das wiederum beeinflusst unser Handeln. Wir können im Unterbewusstsein Probleme lösen in dem wir Blockaden auflösen, wie Ängste, geringes Selbstwertgefühl und vieles mehr. Auch können wir durch die Beeinflussung des Unterbewusstseins Verhaltensweisen ändern. Diese Arbeit leistet nach meinen Erfahrungen die Hypnose sehr gut, was ich seit vielen Jahren in meinem Coaching anwende.

Aber unser Unterbewusstsein ist viel komplexer. Greifen wir dazu den Vergleich mit dem Eisberg auf:

Der Eisberg, der im Ozean schwimmt, ist direkt mit dem Wasser des Ozeans verbunden. Ozean und Wasser tauschen gegenseitig Informationen aus. Aber auch das Wasser ist wieder mit andren verbunden, wie Land, Luft, Wind, Sonne u.v.m. So verhält es sich auch mit unserem Unterbewusstsein. Es kann also eine unerschöpfliche Quelle von Informationen bekommen. Deshalb lassen sie mich zukünftig nicht mehr vom „Unterbewusstsein" schreiben. Es entsteht damit ein falscher Eindruck. Ab jetzt schreibe ich vom Tiefenbewusstsein.

Unser Tiefenbewusstsein ist deshalb nicht nur ein Sammelsurium unserer Erlebnisse, Gedanken und Gefühlen an die wir uns nur nicht mehr erinnern können, sondern es ist die Verbindung zum universellen Bewusstsein. Von dort aus können wir gezielt Informationen bekommen oder abschicken. Man muss nur wissen wie. Nutzen wir es richtig, führt das zu einer echten Bewusstseinserweiterung. Ja sogar zum schöpferischen Gestalten unserer Realität. Gedanken, Gefühle und die reale Welt sind unmittelbar miteinander verbunden und beeinflussen sich gegenseitig. Unwiderlegbare Beweise gibt es dafür genug und einige werde ich Ihnen in diesem Buch beschreiben. Das zu erkennen und zu nutzen ist ein essentiell notwendiger Schritt für die Entwicklung der Menschen und jedem einzelnen.

Unser Bewusstsein kann viel mehr, als wir bisher angenommen haben und das ist auch schon seit ewiger Zeit bekannt. Ob es nun die Schamanen in der Urgesellschaft waren oder privilegierte religiöse Führer, durch alle Zeiten, sowie andere mental veranlagte Menschen.

In der „Neuzeit" sind es vor allem viele nachvollziehbare Experimente, die uns staunen lassen. In diesem Zusammenhang möchte ich hier nur einige beschreiben.

Vor ca. 20 Jahren las ich ein Buch, was mich sprachlos gemacht hat. Darin wurde ein Experiment von *Cleve Backster* mit einem Lügendetektor erklärt. Dieses wurde aus Neugier an eine Pflanze angeschlossen. Als dann dieses eine Blatt abgeschnitten wurde, schlug der Lügendetektor aus. Jetzt wollte man diesen Vorgang wiederholen. Aber diesmal schlug der Detektor schon aus, als man die Schere vom Tisch holte und den Gedanken hatte ein Blatt abzuschneiden. Das heißt, bei dem Gedanken allein zeigte die Pflanze schon eine Reaktion. Dieses Experiment führte man nun weiter.

Erst ging man in das Zimmer nebenan und dachte daran zu der Pflanze zugehen, um ihr ein Blatt abzuschneiden. Wieder zeigte sie eine Reaktion. Dann dachte man, mit einem Feuerzeug die Pflanze anzuzünden. Diesmal war die Reaktion allein bei diesem Gedanken noch viel stärker. Das Experiment zeigte später, dass selbst bei großen

Entfernungen die Pflanze zeitgleich mit dem Gedanken reagierte. Allein mit den Gedanken konnte man Pflanzen so sehr stressen, dass sie gegenüber anderen merklich schwächer wuchsen. Ebenso gut wuchsen die Pflanzen stärker, wenn man ihnen gute Gedanken und Gefühle entgegenbrachte. Einige von Ihnen kennen diesen Effekt sicherlich. Nach diesem Experiment wurden unzählige andere Experimente mit Pflanzen gemacht, selbst über eine Entfernung von Europa nach Amerika. Immer reagierten sie.

Diese Experimente beweisen: „Wir können mit Gedanken und Gefühlen direkt die materielle Welt, in diesem Fall die Pflanzen, verändern." Und das funktioniert nicht nur bei Pflanzen. In diesem Buch gehe ich darauf noch genauer ein.

Ein anderes Experiment fand mit Tieren statt. So verdrahtete man zum Beispiel einen Hund, der eine starke Bindung zu seinem Herrchen hatte. Man wollte so die körperliche Reaktion des Hundes messen. Der Mann verabschiedete sich von seinem Hund und fuhr mit dem Auto los. Nach 300km wendete er und fuhr zurück. Augenblicklich veränderte sich der Herzschlag des Hundes. Lag er vorher ruhig auf der Wiese, so wurde er zunehmend unruhig und lief immer öfter zum Zaun, bis dann sein Herrchen wieder da war.

Ich selbst habe es erlebt. Ich hatte einen Hund, der den ganzen Tag im Garten war. Mein Arbeitsweg betrug 20 Minuten mit dem Auto. Mein Institut verließ ich zu sehr unterschiedlichen Zeiten und fuhr nachhause. Es war also keine innere Uhr, die da in ihm ticken konnte. Meine

Nachbarn wussten aber genau, wann ich nachhause komme, denn immer wenn ich losfuhr, stand er, also 20 Minuten vorher, am Zaun und hat auf mich gewartet. Das ging so weit, dass ein Besuch von mir, mit dem ich verabredet war, kam, als ich noch nicht zuhause war. Mein Nachbar sagte ihn aber: „Der kommt gleich. Der Hund sitzt schon seit einer Viertelstunde vor dem Zaun". Ich kam dann auch fünf Minuten danach. Ich hatte mich um eine Stunde verspätet, weil ich einige wichtige Probleme im Institut zu klären hatte. Für mich war es selbstverständlich, dass mein Hund fühlte, wann ich kam und auf mich wartete. Ich hatte damals so viel in meinem Institut zu tun, da habe ich nicht groß darüber nachgedacht. Erst als er gestorben war und nicht mehr am Zaun auf mich wartete, fiel es mir ein und ich fragte mich: „Wie konnte er das immer wissen?"

Menschen die engen Kontakt zu Tieren haben, kennen solche oder ähnliche Situationen und sagen jetzt vielleicht, das ist ja nichts Neues. Aber überlegen sie doch mal: „Was wirken dafür Kräfte?" Und „Können wir diese Kräfte vielleicht auch gezielt noch für viel mehr nutzen?" Ja, das können wir. Auch dazu später mehr.

Ein weiteres Beispiel begann in Australien. Dort wurde schon über Monate eine Affenhorde beobachtet. Man beobachtete, dass einem Affen zufällig eine Frucht in den Fluss fiel. Der Affe griff schnell danach und aß sie dann. Wahrscheinlich war sie durch das Wasser sauberer geworden und schmeckte ihm besser. Jedenfalls wusch er dann die Früchte immer im Wasser, bevor er sie aß. Das machten ihm dann bald alle Affen nach. Das unglaubliche aber war, dass zufällig Affen auf eine vorgelagerte Insel beobachtet wurden und auch sie plötzlich ihre Früchte im Wasser wuschen, obwohl sie unmöglich direkten Kontakt miteinander haben konnten. Dazu wurden weltweit erfolgreich weitere Experimente durchgeführt.

Auch hier die Frage: Welche Kräfte wirken da? Man spricht hier von einem Bewusstseinsfeld, welches unabhängig von Zeit und Raum existiert und mit dem wir alle verbunden sind. Unter anderem nennt man es morphogenetisches Feld nach Rupert Sheldrake. Es zeigt uns, dass wir mit diesem Bewusstseinsfeld Wissen und Informationen austauschen können und das unabhängig von Raum und Zeit. Ich nenne dieses Feld universelles Bewusstsein, weil in ihm viel mehr als nur Wissen und Informationen sind.

An dieser Stelle überlasse ich es mal Ihrer Phantasie, abzuleiten was damit alles möglich wäre, wenn wir dieses Feld gezielt nutzen könnten. Die in diesem Buch beschriebene Möglichkeit der Wunscherfüllung kann dafür eine Tür öffnen.

Viele von ihnen haben sicherlich schon folgende Erlebnisse gehabt:

Sie beschäftigen sich intensiv mit der Lösung eines Problems. Suchen sich alle Informationen dazu, die Sie finden können. Sie sind voller Emotionen dabei und wollen unbedingt dieses Problem lösen, aber es gelingt Ihnen nicht. Irgendwann qualmt Ihnen der Kopf dermaßen, dass Sie erst einmal loslassen und das Nachdenken darüber auf einen späteren Zeitpunkt verschieben, oder Sie haben einfach erst einmal andere Dinge zu tun. Ohne dass Sie weiter darüber nachdenken fällt ihnen plötzlich die Lösung ein. Meist ist sie dann auch noch ganz einfach bzw. einleuchtend und Sie denken: „Warum bin ich nicht schon eher darauf gekommen?"

Dieser Prozess wird häufig damit erklärt, dass man sich festgebissen hat und deshalb zu keiner Lösung kam. Als man losließ, hat es aber unbewusst weiter in uns gearbeitet und die Lösung wurde gefunden. Von wem? Wenn sie keine weiteren Informationen hatten und Sie schon sehr intensiv darüber nachgedacht haben, woher kam den die Lösung? Dieser zündende schöpferische Gedanken. Kann man das gezielt herbeiführen?

In meinem Coaching lasse ich in der Hypnose solche Prozesse der Lösungsfindung ablaufen. Zum Beispiel ein Klient zeichnet in der Hypnose das Problem auf und bittet um eine Lösung, das ganze natürlich sehr emotional. Danach verlässt er das Problem und geht voller Vertrauen und Dankbarkeit, dass es zur Lösung kommt, wieder aus der Hypnose raus. Die Erfolgsquote, dass ihm plötzlich in der nächsten Zeit die Lösung kommt, ist sehr hoch und kann nicht mit einem Zufall erklärt werden.

Auch in der Quantenphysik wurden schon unzählige Experimente in den letzten 15 Jahren dazu gemacht, die zeigen wie Bewusstsein die Materie beeinflussen kann. Hier hauptsächlich auf atomarer Ebene. Auch hier wurde nachgewiesen, dass Gedanken und Gefühle direkt die Materie beeinflussen können. Wenn wir davon ausgehen, dass alles, auch wir aus Atomen bestehen, dann lässt das nur den Schluss zu, dass unsere Gedanken und Gefühle die reale Welt beeinflussen können. Es hat sich in Experimenten gezeigt, dass dabei unsere Gefühle eine besonders starke Wirkung haben und Veränderungen auf der atomaren und auf der universellen Bewusstseinsebene hervorbringen. Jeder einzelne von uns kann gezielt mit seinen Gedanken und besonders mit seinen Gefühlen die Materie beeinflussen. Das heißt, unmittelbar unsere reale Welt verändern. Wir können über diesen Weg auch andere Menschen beeinflussen, die uns noch gar nicht bekannt sind, und die notwendigen „Kooperationspartner" finden. Und sicherlich tun wir das mehr oder weniger unbewusst schon.

Vielleicht habe Sie aber schon solche Situationen erlebt. Zum Beispiel Sie haben einen wichtigen Termin. Setzen sich in ihr geleibtes Auto und es springt nicht an. Das bedeutet für sie eine Katastrophe. Sie stoßen voller Gefühl ein „Gebet" aus. „Bitte lass mich jetzt nicht im Stich, spring an." Das Auto springt an und sie erreichen Ihr Ziel. Alles nur Zufall? Umso stärker ihre Emotionen sind, also ihr Wunsch ist, dass das Auto anspringt, umso eher funktioniert das.

Auch mir ging es ähnlich. Ich liebte meinen alten BMW 316. Obwohl er schon altersschwach war, konnte ich mich nicht von ihm trennen. Ja, „Mann" liebt eben sein Auto, zum Schluss sprang er öfter nicht an. Durch gutes Zureden schaffte ich es immer wieder, dass er dann doch klappte. In diesem Fall war es nicht das Gefühl der Hilfe aus einer Not, sondern „wahre Liebe". Irgendwann half das aber auch nicht mehr und ich schickte ihn in den wohlverdienten Ruhestand, zu einem Sammler. Der wunderte sich nur, dass das Auto überhaupt noch so lange lief. Als ich ihm erklärte, dass ich über magische Kräfte verfüge, verabschiedete er sich bald darauf von mir und nahm mein Auto mit.

An dieser Stelle überlasse ich es wieder der Phantasie des Lesers, abzuleiten, was damit alles möglich wäre, wenn wir dieses Feld gezielt nutzen könnten. Die in diesem Buch beschriebene Möglichkeit der Wunscherfüllung wäre da nur ein Schritt.

Wenn es nicht immer ein Zufall ist, welche Kräfte wirken da und wie kann man sie gezielt nutzen? Lassen Sie mich das zu einem späteren Zeitpunkt im Buch aufgreifen.

3. Die Gefühle als Sprache der Seele verstehen

Im Vorfeld möchte ich verdeutlichen, dass es unwichtig ist was Sie persönlich unter der Seele verstehen.

In der Psychologie wird die Seele mit der Psyche gleichgesetzt und in der Religion ist sie unabhängig vom Körper und unsterblich. Wichtig ist für uns nur, dass die Gefühle immer aus der Seele/Psyche kommen und da sind sich alle einig.

Ich persönlich gehe von einer unsterblichen Seele aus. Das ist für mich nicht allein eine Frage des Glaubens, sondern der Logik.

Wie nachgewiesen, ist alles mit einem universellen Bewusstsein verbunden. Man tauscht sich dabei miteinander aus, wird beeinflusst und kann beeinflussen. Nichts aber auch gar nichts geht in unserem Universum verloren. Es kann sich lediglich der Energiezustand ändern.

Wenn also unser Körper stirbt und in einen anderen Energiezustand geht, warum soll dann unsere Seele (Bewusstsein) verloren gehen? Sie ist ja sowieso die ganze Zeit schon mit dem universellen Bewusstsein verbunden und kann selbst die Materie beeinflussen. Das wäre doch total unlogisch, wenn sie nach dem Tod unseres Körpers plötzlich fort ist. Der Körper ist doch nur ein Teil von uns. Vielmehr wird aus einer vorherigen Kooperation eine Symbiose mit dem universellen Bewusstsein, also eine höhere Daseinsform.

Auf der Grundlage unseres rationalen Denkens und der Entwicklung unseres überdimensionalen EGOSs entstehen Ängste, Machtansprüche, Korruption, Betrug, Umweltzerstörung und Dekadenz. Das können wir tagtäglich in den Nachrichten hören. Es schreit förmlich nach grundlegenden Veränderungen. Materielles Denken fördert rationelles Denken. Gefühle und Emotionen werden deshalb oft als Schwäche angesehen. Statt an seine Gefühle zu glauben, werden sie rationell unwichtig oder störend erklärt, bis hin zu permanenten Selbstlügen und führen so von einem Misserfolg zum andern, privat wie beruflich. Einsamkeit, Verhaltensschwierigkeiten, Ängste und Sucht sind dann oft die Folgen davon.

Aber einzig und allein unsere Gefühle und Emotionen entscheiden in unserem Leben darüber, ob wir glücklich oder unglücklich sind oder werden. Sie zeigen uns den Weg zu uns selbst. Gefühle sind die Sprache unserer Seele. Und unsere Seele lügt nicht.

Werden die Gefühle erkannt und durch unser EGO, ohne sie zu bewertet, wahrgenommen, zeigen sie uns die richtige Lösung zu dem aktuellen Problem. Oft wird aber diese Sprache der Seele nicht erkannt. Die ursprünglichen Gefühle werden bewertet und vom Ratio um bewertet. Heraus kommt dann oft die falsche Entscheidung. Diese Erkenntnis ist von fundamentaler Bedeutung. Wenn Sie diese im Buch vorgestellte Methode der Ziel- und Wunscherfüllung erfolgreich anwenden wollen.

Warum fällt es den meisten schwer, auf die Gefühle zu hören?

Zum einem sind es negative Emotionen und Gefühle die Sie oft schon von Kindheit an haben, auch schon oft in der vorgeburtlichen Phase, Ihr Leben lang mit sich im Tiefenbewusstsein rumschleppen, falsche Glaubenssätze daraus entwickeln und Ihr Denken und Handeln davon beeinflusst wird.

Zum anderen sind es Normen und Regeln die Sie auch schon seit Ihrer Kindheit in der Familie und Ihrem gesamten sozialen Umfeld gelernt haben aber eigentlich mit Ihren eigenen Emotionen und Gefühlen gar nicht übereinstimmen.

Diese Regeln und Normen sind schon so fest verankert, dass Sie selber an ihre Richtigkeit glauben. Sie haben Angst vor Ausgrenzung oder Bestrafung, wenn man diese Regeln durchbricht. Dabei merken Sie nicht, dass gerade dadurch Ihr eigenes ICH ausgrenzt wird und sich dadurch Zerrissenheit und unglücklich sein einstellt. Oft kommt es noch zu Trotzreaktionen, die dann alles nur schlimmer machen. Die Gefühle schlagen Purzelbaum, werden deshalb unterdrückt und das hilflose rationelle Bewusstsein übernimmt kopflos die Führung. Oft wird dann zu Betäubungsmittel aller Art gegriffen.

Das alles nur weil Sie Gefühle und Emotionen nicht erkennen oder Ihr EGO diese uminterpretiert und unterdrückt.

Noch einmal: Die Gefühle aber sind die Sprache Ihrer Seele, um sie stark und glücklich zu machen.

Sie sind es die aus unserer Seele im Tiefenbewusstsein den richtigen Weg zeigen. In diesem Buch zeige ich Ihnen wie sie das erkennen und akzeptieren. Wie Sie falsche manifestierte Gefühle, aus nicht verarbeiteten Erlebten, in Ihrem Tiefenbewusstsein umschreiben.

Ich zeige Ihnen weiterhin, wie Sie Ihre emotionale Intelligenz freisetzen und privat wie beruflich nutzen können.

Die Ratio sollte die Gefühle nicht beurteilen, denn das kann es gar nicht. Gefühle sind wahr und der Weg zum eigenen ICH. Die Ratio aber spielt eine andere wichtige Rolle. Sie sollte nämlich ohne zu bewerten praktische Wege finden, damit wir unsere Gefühle leben können. Wenn wir das erkennen, haben wir den Schlüssel zu einem glücklichen und erfüllten Leben gefunden.

Lassen sie mich an dieser Stelle auch ein Fallbeispiel beschreiben. Im Vorfeld möchte ich aber feststellen, dass ich in meinen Fällen oft von Extremfällen erzähle. Damit können sich zwar die Meisten nicht direkt identifizieren aber gerade solche Fälle zeigen, dass es selbst dann noch einen Ausweg gibt.

Also lassen sie mich beginnen.

In einem Obdachlosenwohnheim lernte ich einen Mann kennen. Er war 29 Jahre alt. Er fiel mir auf, weil er sich in seinem ganzen Verhalten von den anderen abhob. Er war sehr ordentlich und sauber. Wir kamen ins Gespräch und ich stellte fest, dass er sehr intelligent war und gute Umgangsformen hatte. Anscheinend trank er nicht und nahm keine Drogen. Wie konnte also so ein Mann hier landen.

Später erzählte er mir, dass bei ihm, durch seinen jahrelangen Drogenmissbrauch, vor 3 Jahren paranoide Schizophrenie diagnostiziert wurde. Jetzt ist er clean. Seine Arbeit hatte er aber verloren und seine Wohnung auch. So sitzt er nun hier im Obdachlosenwohnheim. Ich traf ihn noch einmal dort und danach entschloss ich mich ihn in meiner Praxis zu coachen.

Nachdem wir genug Vertrauen aufgebaut hatten, erzählte er mir von sich. Eine spannende und dramatische Geschichte, die aber ein ganzes Buch füllen würde. Deshalb hier leider nur das Wesentliche zu unserem Thema. M. war schon mit 15 Jahren auf sich alleine gestellt. Auf seiner Reise durch ganz Deutschland lernte er viele verschiedene Menschen kennen. So kam er auch schon sehr früh zu Alkohol und Drogen. Auch waren sexuelle Ausschweifungen mit Frauen und mit Männern für ihn eine Zeitlang normal. Schließlich landete er bei einer Freundin, die ebenfalls dem Kiffen sehr zu getan war. Dort gab es häufig lauten Streit und er war unglücklich in dieser Beziehung. Diese Beziehung gab ihn aber auch einen gewissen Halt und Anerkennung anderen gegenüber. So fand er sich mit seiner Rolle eine Zeitlang ab. Aber erträglicher wurde es für ihn nur durch Alkohol und Drogen. Zuhause hielt er es oft nicht lange aus und streifte manchmal die ganze Nacht durch die Stadt, trank und nahm Drogen, wenn sie ihm angeboten wurden. An Frauen war er nicht mehr so interessiert. Er machte es ab und zu mal mit ihnen, aber nur, um festzustellen, ob es noch geht, wie er mir sagte. Dafür ging er immer häufiger in Schwulenkneipen und machte dort Männerbekanntschaften. Er hielt sich aber nicht für homosexuell. Er hatte ja eine Freundin zuhause.

Nun geschah es, dass er einen Mann kennengelernte in den er sich verliebte. Das wurde ihm am Anfang gar nicht so bewusst. Er merkte nur wie glücklich und frei er sich fühlte. Als er merkte warum, bekam er große Angst. Er wollte nicht homosexuell sein.

Zwar ist ja nun Homosexualität kein Verbrechen mehr. Außenminister, Oberbürgermeister und viele andere Persönlichkeiten aus der Öffentlichkeit haben sich schon offen dazu bekannt. Trotzdem ist homosexuell sein noch mit vielen Klischees und Vorurteilen verbunden. In das öffentliche Auge fallen dann meist nur die exotischen Darstellungen, die gerade auch in amerikanischen Filmen oft der Belustigung dienen und das wird verallgemeinert. So entstehen Vorurteile. Die vielen anderen Homosexuellen, denen man es meist gar nicht ansieht und dein ganz normales Leben führen werden dabei nicht berücksichtigt.

Auch sind natürlich die ganze Erziehung und das soziale Umfeld auf Familie und Kinder ausgerichtet. Es entwickeln sich Glaubenssätze, die wiederum so eine Beziehung für schlecht halten, zu mindestens wenn es einen selber trifft. Durch die Medien ist auch bekannt, dass in manchen Kulturen Homosexualität verboten und verteufelt wird. Alle diese Gefühle und Gedanken gehen in das universelle

Bewusstsein ein und kommen auf uns zurück. Oft haben dann Jugendliche, die diese Veranlagung in sich spüren, anfänglich große innere Probleme damit.

Auch M. tat sich sehr schwer damit, denn auf der einen Seite zog es ihn zu seinem Freund magisch hin und zum anderen wollte er diese Beziehung nicht. Seine Vorurteile, Ängste und der Einfluss seines sozialen Umfeldes hatten schlussendlich gesiegt. Er trennte sich von ihm. Und da das auch für ihn unheimlich schwer war, sah er für sich nur einen endgültigen Schlussstrich. Er beschimpfte und beleidigte ihn so, dass es kein Zurück mehr gab.

Er ging wieder in die unglückliche Beziehung zu seiner Freundin. Nun aber wurde ihm erst recht bewusst, wie unglücklich er dabei war. Er trank wieder Unmengen von Alkohol und nahm Drogen. Diese Art der Betäubung wurde zum Dauerzustand. So bekam er psychische Probleme. Da paranoide Schizophrenie bei jungen Männern durch hohen Alkoholgenuss und Drogen meist im Alter um die 25 Jahre auftritt, war die Diagnose schnell gestellt. Das traf aber meiner Meinung nach in diesem Fall nicht zu.

Anscheinend war dieser Freund die große Liebe seines Lebens. Darauf konnte ich jedenfalls, nachdem was er mir erzählte, schließen. Durch seine Angst und der Druck, der von Seiten seines sozialen Umfeldes kam, hat er sich mit allen Kräften gegen diese Gefühle gewehrt und diese Liebesbeziehung brutal beendet. Die Gefühle sind aber, wie schon erklärt, die Sprache unserer Seele. Wenn nun die eigene Seele selber so sehr verletzt wird, dann kann es zu seelischen/psychischen Problemen kommen. Hinzu kamen dann der Alkohol und die Drogen, die noch alles verschlimmert haben. Diese seelischen Probleme sind aber heilbar, nicht aber paranoide Schizophrenie.

Durch mein ganzheitliches Coaching klärte ich das Problem mit ihm, was nicht einfach war. Eine wichtige hilfreiche Rolle spielte dabei die schöpferische Wunscherfüllung. Er hat heute wieder eine Arbeit und eine Wohnung. Mit seinen männlichen Bekanntschaften hält er sich noch zurück, obwohl er schon welche macht.

Jetzt ist ihm klar, was er seinem Freund eigentlich angetan hat. Das muss er noch verarbeiten. Wieder Kontakt mit ihm aufzunehmen, das traut er sich nicht. Wenn er nicht mehr in ihm verliebt ist und mit ihm zusammen sein will, wäre das auch, bei dem, was da alles passiert ist, nicht sinnvoll. Zumal ich davon ausgehen muss, dass der andere ihn auch geliebt hat.

Es ist ja durchaus möglich, dass sich ein Mann in einen anderen Mann verliebt und danach auch eine glückliche Liebesbeziehung mit einer Frau führen kann oder mit beiden. Das Leben ist bunt und voller Gefühle. Man sollte einfach auf seine Gefühle hören.

Die Liebe ist das stärkste Gefühl im Universum. Es gibt uns die meisten positiven Energien und lässt unsere Seelen wachsen. Diejenigen die schon wahrhaft geliebt haben, kennen das Gefühl dieser Veränderung und sind dann oft über sich hinaus gewachsen. Egal an wen oder was sich ihre Liebe richtet. Deshalb hören sie auf ihre Seele. Geben und empfangen sie diese Liebe in Dankbarkeit. Das ist die stärkste Kraft für Ihre schöpferische Wunscherfüllung. Folgen Sie dem Gefühl der Liebe, die aus Ihrer Seele spricht. Egal was ihr Verstand und EGO dazu sagt. Es ist immer der richtige Weg zu einem glücklichen und erfüllten Leben. Wenden Sie sich aber gegen Ihre Liebe, dann wirkt diese stärkste Kraft gegen Sie und wird immer negative Auswirkung auf Ihr Leben haben. Selbst wenn sie geschäftlich oder beruflich erfolgreich werden oder schon sind, werden sie im schlimmsten Fall seelenkrank.

Wunscherfüllung nach einer glücklichen Partnerschaft wird Ihnen den richtigen Weg zeigen. Obwohl Liebe sich natürlich nicht nur auf den Lebenspartner beschränkt.

An diesem Beispiel erkennen Sie, welche Rolle die falsche Um- Bewertung unsere Gefühle durch unser EGO und sozialen Normen spielen kann. Dabei ist das noch nicht einmal das schlimmste Szenarium.

Suizid und schwere Kriminalität sind in diesen Fällen auch nicht ausgeschlossen.

Die Gefühle sind die Powerkraft, mit der Sie Ihr Leben schöpferisch selbst gestalten. Mit der Sie die Realität beeinflussen und nach Ihren Wünschen gestalten können. Es ist deshalb immens wichtig, dass sie Ihre Gefühle pflegen, Positive stärken und Negative schwächen. Liebe, Glück, Dankbarkeit sind dabei, neben vielen anderen die positivsten Gefühle. Dagegen sind Hass, Neid, Traurigkeit und Angst unbedingt zu vermeiden.

Gefühle können bewusst gesteuert und als Sprache verstanden werden. Unsere Seele hilft uns dabei. Wie das funktioniert und welche Möglichkeiten wir dafür haben, erkläre ich ihnen in den nächsten Kapiteln.

4. Was hält Sie von der Erfüllung Ihrer Wünsche ab?

Jeder strebt nach der Erfüllung seiner Wünsche und will ein glückliches und erfülltes Leben führen. Die meisten haben es schon versucht und einige arbeiten sehr intensiv daran aber es scheint Ihnen nicht so richtig zu gelingen. Ich habe sehr, sehr viele Menschen in meinem Coaching kennengelernt aber die aller Wenigsten führen wirklich ein glückliches und erfülltes Leben. Woran liegt das?

Es liegt immer an uns selbst. In diesem Abschnitt erfahren Sie nun welche Gedanken, Gefühle und Handlungen Sie von der Erfüllung Ihrer Wünsche abhalten können. Ich bin sicher, dass Ihnen dieses oder jenes sofort bekannt vorkommt und es Ihnen wie Schuppen von den Augen fällt. Dieser Abschnitt ist deshalb für Sie von großer Bedeutung, wenn Sie endlich der eigene Schöpfer Ihres Lebens werden wollen.

4.1 Der Zweifel

Der Zweifel ist das Ende aller Wunscherfüllungsprozesse. Nur durch unabdingbare Gewissheit, also ohne jeden Zweifel, können Sie sich Ihre Zukunft nach Ihnen Vorstellungen gestalten. Nicht nur Ihre Wünsche, mit allen positiven Emotionen dazu, werden vom universellen Bewusstsein wahrgenommen, sondern auch Ihre Zweifel. Spüren sie Zweifel wird sich das universelle Bewusstsein sagen, dann überlege dir erst mal, was du willst, bevor ich etwas in Gang setze. Wer zweifelt, hat schon verloren. Dabei geht es nicht um die Aussage: Das klappt sowieso nicht, sondern auch um Aussagen, „Mal sehen, ob es klappt. Oder vielleicht klappt es ja." Aber auch Aussagen: „Mach du erst einmal, wenn es klappt, dann mache ich es auch." Was ja von vornherein eine Skepsis fühlen lässt und sowieso nicht funktioniert, weil jeder Mensch andere Bedingungen hat. Also wenn ein anderer Erfolg hat, muss es noch lange nicht bei Ihnen funktionieren. Jeder Mensch ist anders und muss seinen eigenen Weg finden.

Alle solche Gedanken, Gefühle und Handlungen verhindern Ihren Erfolg. Die Meisten, die sich schon mal an eine Methode der Wunscherfüllung durch die eigenen Gedanken und Gefühle versucht haben, scheitern schon an diesem ersten Punkt - Zweifel.

Es ist es sehr schwierig nicht zu zweifeln.

In der Regel ist es notwendig, wenn Sie Ihre Wünsche erfüllen wollen, neue Wege zu gehen. Zu wie Sie aber aus den alten Bahnen ausbrechen, wird es sofort Menschen geben, die das bemerken und Sie davor warnen und Zweifel sähen wollen. Teilweise ist es gut gemeint aber für Sie sehr zum Schaden. Schützen Sie sich davor. Das Beste wäre, wenn Sie sich im Vorfeld über Ihre Wünsche völlig im Klaren sind. Dazu kommen wir dann im nächsten Kapitel.

Auch sollten Sie sich gut überlegen, wem Sie von Ihren Wünschen und Zielen erzählen, um nicht von vornherein Widerstand durch andere zu erfahren.

Es ist nicht immer leicht, keine Zweifel aufkommen zu lassen, besonders wenn die Erfüllung Ihrer Wünsche eine Weile dauern und Sie auch mal Rückschläge erleben. Man erliegt dann den Gedanken, dass die anderen vielleicht doch Recht hatten oder man kommt in Selbstzweifel. Das ist menschlich. Wenn Sie in so eine Situation kommen, dann schieben Sie diesen Gedanken oder das Gefühl sofort von sich. Denken Sie an Ihre Wünsche und wie gut Sie sich anfühlen. Schicken Sie wieder positive Wunschenergie in das universelle Bewusstsein und fühlen Sie Vertrauen und Dankbarkeit.

Zu diesem Thema möchte ich über zwei Fallbeispiele aus meinem Coaching berichten.

Der Fall von P.

P. war eine Frau im mittleren Alter, als sie zu mir kam. Sie wuchs in einer gut bürgerlichen Familie auf. Schon als Kind malte sie gern. Deshalb war es ihr Herzenswunsch Malerin zu werden. Ihre Eltern lehnten diesen Beruf ab und bezeichneten ihn als brotlose Kunst. So wurde sie Graphikerin. Durch die Gründung einer Familie und durch ihren Beruf war sie eine längere Zeit voll beschäftig und ganz zufrieden mit ihrem Leben. Als die Kinder groß waren, wurde sie aber immer unzufriedener mit ihrem Job. Sie hatte jetzt mehr Zeit für sich und fing nebenbei wieder an zu malen. Damit erfüllte sie sich ihren Herzenswunsch und fand darin auch schnell die ersten Anerkennungen. Mit ihrem Beruf wurde sie immer unzufriedener und gab ihn dann auf, um sich ganz dem Malen zu widmen.

Ihr Mann war damit unzufrieden und glaubte nicht an ihrem Erfolg. Ihre Eltern zweifelten ebenfalls daran. Obwohl sie beim Malen sehr glücklich war, gab es aber mehr oder weniger in ihrem unmittelbaren sozialen Umfeld Zweifler. P. war zwar eine starke Frau, diese Situation ging aber nicht spurlos an ihr vorbei. Ihre anfängliche Anerkennung von außen ließ nach und sie wurde unsicher. Hatten die anderen vielleicht Recht? Aber immer noch war das Malen ihre große Liebe und erfüllte sie mit großer Freude.

Jetzt suchte sie Rat bei mir. Was sie denn machen solle.

Ich visualisierte ihren Erfolg und ließ Sie spüren, wie gut es sich anfühlt zu malen und Erfolg zu haben. Ich ließ sie fühlen, wie gut es ist, Anerkennung für ihre Arbeit zu finden. Danach bat ich sie diese Visualisierung und diese Gefühle immer aufzubauen wenn in Ihr Zweifel aufkommen. Ich bat sie über dieses Thema so wenig wie möglich mit ihrem Mann und ihren Eltern zu sprechen. Ihr Sohn und zwei Freundinnen standen hinter ihrer

Entscheidung und waren überzeugt von Ihrem Talent, ja richtige Fans. Mit denen sollte sie über ihre Arbeit reden. Sie sollte sich nach Möglichkeit mit anderen schon bekannteren Malern in Verbindung setzen und mit ihnen kommunizieren. Das tat sie dann auch. Sie erzählte zwar ihrem Mann von ihrer Arbeit und ihren Begegnungen mit anderen Gleichgesinnten, lies aber Diskussionen über den Sinn ihrer Arbeit nicht mehr zu. Mit der Zeit begleitete ab und zu ihr Mann sie, bei Treffen mit Malern und Gleichgesinnten. Er lernte dabei interessante Menschen kennen und spürte, wie seine Frau in diesem Kreis sehr anerkannt war. Seine Einstellung änderte sich allmählich. P. bekam dann immer mehr Anerkennung von außen und verkauft die ersten Bilder mit Gewinn. Was für einen Maler schon ein kleiner Durchbruch ist.

P. kann heute gut mit und durch ihrer Malerei leben. Jetzt visualisiert sie die nächste Etappe. Ihre internationale Anerkennung. Ich bin überzeugt, auch das schafft sie.

Der Fall F.

F. war ein junger Mann mit 25 Jahren. Er wurde als Kleinkind adoptiert und da die Frau dann doch noch zwei eigene Kinder bekam, hatte er keine liebevolle Kindheit. So verließ er auch schon mit 16 Jahren das stiefväterliche Haus. Seine Jugendzeit verlief dann auch sehr chaotisch.

Schließlich landete er bei einer älteren dominanten Frau, mit der er schon drei Jahre lebte.

F. war sehr aufgeweckt und intelligent. Allerdings hatte er durch seinen Lebensweg extrem wenig Selbstbewusstsein und überlies alle wichtigen Entscheidungen seiner Lebensgefährtin. Auch trank er sehr viel und da seine Partnerin Drogen nahm, tat er es ihr sicherlich gleich. Durch seine Intelligenz und Kreativität hatte er schon öfter sehr gute Ideen, um geschäftlich vorwärtszukommen. Allerdings hielt seine Partnerin von Ihm nicht viel und zweifelte immer wieder an ihm. Durch sein fehlendes Selbstbewusstsein kam er dagegen nicht an und gab irgendwann dann wieder auf.

Ein Mensch, der in seiner Kindheit wenig oder keine Zuneigung und Liebe erfahren hat, kann sein Selbstbewusstsein nicht entwickeln. Er fragt sich schon als Kind: „Was habe ich falsch gemacht?" So ein Mensch wird auch in der Regel als Erwachsener kein starkes Selbstbewusstsein entwickeln können und immer wieder an sich selber Zweifeln. Deshalb wird er sich einen starken Partner suchen. Das kann ihm sehr helfen. Vor allem wenn der andere ihm dabei hilft, selbst stärker zu werden. In solchen Fällen kann auch so ein geplagter Mensch zu einer selbstbewussten Persönlichkeit werden.

Im Fall von F. hatte er leider den gänzlich falschen Partner gefunden. Der eigene Schöpfer seiner Wünsche zu werden ist dann sehr schwierig. Ja selbst seine Herzenswünsche, klar und unmissverständlich zu formulieren, würde ihm schwerfallen, da sie ganz sicher nichts mit seiner Partnerin zu tun haben. Das hat dann zur Folge, dass eine dominante

Partnerin oder Partner dann auf vielfältiger Art und Weise sofort dagegen steuern. Das macht ihn wieder unsicher und führt zu Selbstzweifel.

Oder er passt einfach seine Ziele, seinen Lebensbedingungen mit einem solchen Partner an. Das sind aber keine Herzenswünsche mehr. Also sind sie von vorherein unterschwellig zweifelhaft, gelangen nicht zum universellen Bewusstsein und führen nicht zur Wunscherfüllung.

Aber F. war unermüdlich, wie ein Stehaufmännchen. Er wollte unbedingt erfolgreich werden. Nun hatte er sich voller Begeisterung in den Kopf gesetzt, mit Networkmarketing erfolgreich zu werden.

Der erste Gedanke, der mir kam, war: „Wie kann so ein Mensch, ein Alkoholiker, der auch Drogen nimmt und kein Selbstbewusstsein hat, im Networkmarketing erfolgreich sein?"

Ein Geschäft, wo man zu 90% immer nur auf Ablehnung stößt und dann noch mit einer Frau zuhause, die selber jeden Tag kifft und an seinem Erfolg immer wieder zweifelte. Ja Ihn selbst seine eigene Entscheidungsqualität absprach und der Meinung war, er könne keine Entscheidungen alleine treffen. Sie sei die starke Frau in seinem Leben.

Das war eine echte Herausforderung für einen Erfolgscoach. Das Einzige woran ich mich dabei halten konnte, war, dass F. sich von seinem Erfolg nicht abbringen ließ. Er war fest davon überzeugt.

Da er sehr charmant sein konnte und sehr gut aussah, hatte er keine Probleme schnell mit anderen Menschen in Kontakt zu kommen. Allerdings landete er dann meist in ihrem Bett. Zum Schluss konnte er sie aber nicht von seinem Geschäft überzeugen und war dann enttäuscht. Er sagte mir, seine Freundlichkeit wird immer falsch verstanden und fühlte sich völlig unschuldig dabei. Er sah sich immer als Sex Opfer. „Alle wollten nur Sex von ihm". Sagte er. Unglaublich! Dieser junge Mann hatte so ein geringes Selbstbewusstsein, dass er ständig an seinen eigenen Gefühlen zweifelte und das tat, was andere wollten.

So kamen ihm dann langsam doch Zweifel, ob er mit Networkmarketing Erfolg haben wird. Die ständige Besserwisserei seiner Freundin, die ihm schon vom Ansatz her immer wieder alles kaputt redete und falsche Ratschläge gab, tat dann noch das Übrige. So kam er zu mir und wollte wissen, wie er im Network erfolgreich werden kann. Was sollte ich da tun?

Was er hätte alles ändern müssen, lag ja klar auf der Hand, aber sicherlich wäre er dazu zu diesem Zeitpunkt nicht bereit gewesen. Ich fragte ihn deshalb, warum er denn Networkmarketing machen wolle. Er erklärte mir, dass es ja nur eine Starthilfe ist, um Geld zu verdienen. Er wolle damit auch seine Partnerin in finanzielle Sicherheit bringen. Sich aber danach von ihr trennen, weil er sie nicht liebt. Das habe er ihr auch erzählt. Später würde er dann ganz andere Dinge tun.

Wie naiv war dieser Mensch? So eine dominante Partnerin würde das doch nie loslassen, sondern jetzt erst recht alles tun, damit er erfolglos bleibt. Sie würde so lange direkt und versteckt Zweifel sähen, bis er selbst daran zweifelt und sein Vorhaben aufgibt.

So kann man natürlich im universellen Bewusstsein nichts erreichen. War es doch nicht ein Herzenswunsch von ihm. Diesen Wunsch hatte er wie oben beschrieben, in Abhängigkeit von seiner Partnerin angepasst. Er wollte mit diesem Erfolg auch besser für Sie sorgen. Ja zum Schluss wollte er sogar mit ihr gemeinsam in Networkmarketing erfolgreich sein. Das konnte nicht gut gehen und ging in die komplett falsche Richtung.

Ich bat ihn, mir doch mal aufzuschreiben welche Herzenswünsche und Ziele er wirklich hatte. Das tat er dann und brachte es beim nächsten Mal mit. Und ich kann Ihnen sagen, es waren sehr gute Wünsche. Sie hatten absolut nichts mit seiner Partnerin zu tun und auch nichts mit Networkmarketing. Also fokussierte ich ihn auf seine Wünsche und nicht auf die Übergangslösung. Ich führte ihn ausführlich darin ein und sagte ihm, dass es nur funktioniert, wenn er es als seine ganz persönliche Sache behandelt. Also niemanden, auch seiner Partnerin, etwas davon erzählt, denn ich hatte berechtigte Angst, dass dann wieder von vornherein Zweifel gesät werden.

Er zweifelte dann nicht mehr daran, dass er seine Herzenswünsche erfüllt. Nach einiger Zeit wurde er clean und suchte sich eine feste Arbeit, um finanziell unabhängig von dieser älteren, dominierenden Frau zu werden. Er trennte sich dann von der Frau und ist nun dabei seine tatsächlichen Herzenswünsche zu fokussieren und in die Tat umzusetzen.

Ich hatte eine Zeitlang viel mit Alkohol- und Drogenabhängigen zu tun und weiß wie schwer es ist von der Sucht loszukommen. Ich weiß auch aus vielen Fällen wie schwer es ist von einem Menschen loszukommen, der eine starke Abhängigkeit von sich aufgebaut hat. Diesen Entwicklungsweg ging er nun aus sich heraus durch die Visualisierung seiner eigenen Wünsche. Das universelle Bewusstsein gab ihm dafür die Impulse, die Entscheidungsfindungen und die Kraft. Sicherlich wird er aus seiner Vergangenheit noch einiges loslassen müssen, welches ich im nächsten Abschnitt beschreibe. Aber die größten Hürden sind genommen und ich glaube, dass er es schaffen kann.

Gerade so ein Fall ist nicht unbedingt typisch, zeigt aber wieder einmal, dass selbst Fälle die aussichtslos erscheinen durch die Anwendung der schöpferischen Wunscherfüllung Erfolg haben. Man muss nur die wahren Herzenswünsche unmissverständlich aussenden. In seinem Fall waren es Zweifel von außen und die falschen Wünsche die ihn schlussendlich selber zweifeln ließen und die ihm vom Erfolg abhielten.

Wenn Sie immer öfter Zweifel haben, überprüfen sie noch einmal ihre Ziele. Sind es wirklich ihre Herzenswünsche? Wenn ja, dann formulieren Sie diese noch einmal klar und unmissverständlich. Suchen sie sich nicht Zwischenziele. Sie wissen nicht, ob diese zu Ihrer eigentlichen Wunscherfüllung führen. Überlassen Sie es dem universellen Bewusstsein. Es zeigt Ihnen den richtigen Weg. So wie es bei F. der Fall war.

Zweifel führen also nicht zum Erfolg. Aber auch wenn Sie Zweifel bei anderen sähen, führt es dazu, dass das universelle Bewusstsein unsere Wünsche nicht annimmt, denn es zeugt von Unglauben und einem überdimensionales EGO.

Wenn sie eine negative Einstellung zu einem Menschen haben, weil er etwas tut, das sie persönlich für falsch oder dumm halten, ändern sie ihre Meinung. Sie schaden damit die Wunscherfüllung anderer Menschen, was sich auf Ihre eigene Wunscherfüllung auswirkt. Egal was andere auch tun, begegnen sie ihnen immer mit Hochachtung und Liebe. Streuen Sie keine Zweifel, sofern niemanden dabei geschadet wird. Schaffen sie eine Atmosphäre des Respekts und der Harmonie, dann werden Sie das Gleiche auch für Ihre Wünsche und Ziele zurückbekommen.

Halten sie sich selbst fern von Zweiflern, ewigen Pessimisten und Sarkastiker. Selbst die Meinung anderer, zu Ihren persönlichen Zielen und Ihrer Wunscherfüllung, sei sie auch noch so gut gemeint und scheinbar konstruktiv, stammt vom Ego eines anderen und muss nicht richtig für sie sein. Keiner kann sich in Ihre Herzenswünsche wirklich reinversetzen und jeder geht mit seinen Ratschlägen immer nur von seinen Erfahrungen aus. Wie im ersten Abschnitt beschrieben, geht es hier immer nur um ein beschränktes EGO, welches Ihnen Ratschläge erteilt. Das muss für Sie nicht zu treffen und kann sich sogar als falsch erweisen. Das gilt in allen Bereichen Ihres Lebens. Alles das kann Zweifel in Ihnen wecken und Sie von Ihrer Wunscherfüllung abhalten. Also lassen Sie sich in nichts reinreden oder beeinflussen, zu mindestens, was ihre Wünsche betreffen, sonst tun sich immer wieder Zweifel auf.

Formulieren Sie ihre Herzenswünsche und hören Sie auf ihre Gefühle. Nicht mehr und nicht weniger lässt Ihnen Ihre Zweifel vergessen und führt Sie zum Erfolg. Wie Sie wirklich die richtigen Wünsche formulieren und was dabei alles zu beachten ist damit sie sich erfüllen, erfahren sie noch.

Hier noch einmal eine Zusammenfassung

1. Formulieren Sie Ihre Herzenswünsche konkret und unmissverständlich. Fühlen Sie, wie gut sich das anfühlt, wenn Ihre Wünsche wahr werden. Das verstärkt Ihre Gewissheit, dass es der richtige Weg ist und sie in Erfüllung gehen.

2. Halten Sie sich in der Öffentlichkeit mit Ihren Wünschen zurück. Es ist Ihre ganz persönliche Sache. So halten Sie auch Zweifler von sich fern.

3. Müssen Sie bei Ihren Wünschen andere einweihen, dann schotten Sie sich vor Zweifel ab. Bereiten Sie sich geistig darauf vor, dass es passieren kann. Unterbrechen Sie alle anderen Meinungen, die Sie zweifeln lassen, wenn man Ihnen diese aufdrängen will.

4. Formulieren Sie Ihre Wünsche so, als ob Sie schon erfüllt worden, und sind Sie dankbar dafür. Fühlen Sie wie gut es sich anfühlt, wenn Ihre Wünsche wahr sind und fühlen Sie tiefe Dankbarkeit. Wenn ich echte Dankbarkeit fühle, dann zweifele ich auch nicht mehr an meiner Wunscherfüllung. Wofür sollte ich denn sonst dankbar sein? Das verstärkt Ihre Gewissheit und lässt Sie nicht zweifeln.

5. Falls der Erfolg auf sich warten lässt oder Sie von Zweiflern permanent attackiert werden, kann es passieren, dass Zweifel auch bei Ihnen aufkommt. Erschrecken Sie nicht darüber, es ist menschlich und es wird Ihnen verziehen. Aber zu wie Sie das merken, drehen Sie die Richtung um und sehen Sie wie gut es sich anfühlt, wenn

Ihre Wünsche in Erfüllung gegangen sind. Fühlen Sie Dankbarkeit.

6. Zweifeln Sie nicht dauernd und vor allem sagen oder denken Sie nie: Das wird ja doch nichts. Das ist eine endgültige Absage für das universelle Bewusstsein. Sie haben dann schon verloren und können von vorne anfangen.

7. Falls Ihnen des Öfteren Zweifel aufkommen, auch ohne Beeinflussung anderer, dann überprüfen Sie Ihre Wünsche. Sind es wirklich Ihre Herzenswünsche? Haben Sie sie unmissverständlich und klar formuliert? Falls nicht korrigieren Sie diese. Tun Sie das aber nicht dauernd.

Wenn Sie diese Punkte einhalten, kann Sie nichts davon abhalten, dass Sie mit Ihren eigenen schöpferischen Gedanken und Gefühlen Ihre Herzenswünsche Wirklichkeit werden lassen. Sie werden dann die richtigen Kooperationen aufbauen, die sie zur Wunscherfüllung führen. Dazu müssen Sie dann nur noch die folgenden Hinweise beachten und die in diesem Buch vorgestellten Methoden anwenden.

4.2 Loslassen

Lassen Sie los. Ihre Trauer, Ihre Ängste, Ihre seelischen Schmerzen und alle anderen negativen Gefühle. Denn solange Sie diese Gedanken und Gefühle haben, senden Sie diese auch aus. Das universelle Bewusstsein nimmt keine Wertung vor. Es registriert nur was sie aussenden und es kommt auf Sie zurück. Wundern Sie sich also nicht, wenn sie immer wieder in die gleichen unangenehmen Situationen geraten oder immer wieder auf den gleichen Typ reinfallen.

Ich weiß aus meinem eigenen Leben und als Coach das dieses Loslassen sehr schwer sein kann. Es ist aber unbedingt nötig. Beim Loslassen werden Sie schon das erste Mal bewusst Ihr eigener Schöpfer. Es kann sich sehr gut anfühlen.

Auch hier ein Fallbeispiel aus meinem Coaching.

In meine Praxis kam A. eine gutaussehende Frau in den besten Jahren. Nach einem ausführlichen Gespräch stellte ich fest, dass sie eigentlich alle Voraussetzungen besaß, um erfolgreich zu sein. Sie war es aber nicht. Zu mindestens nicht zu diesem Zeitpunkt. Seit zweieinhalb Jahren konnte sie machen was sie wollte, es stellte sich kein Erfolg ein. Sie war freiberuflich tätig und musste nun schon von Sozialhilfe leben. Eine hochintelligente und freundliche Frau, die alle Tugenden und Eigenschaften besaß, um vom universellen Bewusstsein ihre Wünsche schöpferisch umsetzen zu lassen. Ja selbst Meditation beherrschte sie problemlos. Warum hatte diese Frau keinen Erfolg mehr?

Die Antwort kam im zweiten Gespräch. A. hatte jemanden kennengelernt. Schon bei der ersten Begegnung spürten beide eine große Vertrautheit und Sympathie. Nach einigen Wochen zogen sie dann zusammen und hatten eine sehr intensive Beziehung. Beteuerungen von Seiten des anderen:

„Sie sei der wichtigste Mensch, den er je in seinem Leben kennengelernt hat."

„Ihre Berührungen sind so schön und intensiv, dass jeder Sex den er vorher hatte, nicht annähernd so schön war."

„In dieser Beziehung werden wir zusammen Höhenflüge erleben wie noch nie im Leben."

Alle diese Beteuerungen des ehemaligen Partners erzählte sie mir und es standen ihr Tränen in den Augen.

Für sie war das ein Zeichen von einzigartiger Seelenverwandtschaft. Sie planten ein gemeinsames Leben und dann wurde sie von diesem Menschen vor zweieinhalb Jahren verlassen. Das geschah plötzlich und sehr böse. A. wurde auf tiefste beschimpft und verletzt. Ohne zu wissen, warum überhaupt.

Sie erklärte es mit Angst von Seiten ihres Partners. Angst vor diesen starken Gefühlen. „Das ist so dumm." Sagte sie und konnte es nicht verstehen. Sie war immer noch der Meinung, dass sie zusammen gehörten und zusammen ein einzigartiges glückliches und erfülltes Leben hätten führen können. Sie sagte: „Unsere beider Seelen wären dabei enorm gewachsen."

Natürlich können sich Seelen treffen, die in diesem Leben zusammen gehören. Wenn es ihnen gelingt zusammen zu bleiben, werden sie auch ein erfülltes und glückliches Leben führen und wachsen. In diesem Fall war es aber so, dass die Seele ihres Partners noch keine Erfahrungen mit der Liebe hatte. Obwohl sie auch für ihn am Anfang überwältigend war, machten ihn diese großen Gefühle mit der Zeit Angst. Seine Seele rief immer wieder: Ich will diesen Menschen. Ich liebe diesen Menschen. Aber diese neuen überwältigenden Gefühle machten ihm Angst und ließ ihn dann gerade das Gegenteil tun, um endlich diese Angst zu verlieren.

Auch war er so eine enge Bindung nicht gewohnt. Er fühlte sich bisher immer frei und unabhängig. Das ging ihn nun verloren, obwohl es ja gerade das Gegenteil bewirkte. Er konnte sich zum erstmal wirklich frei fühlen, aber das erkannte er noch nicht. So kam es, dass er dann mit aller Gewalt diese Beziehung im Bösen beendet.

Das erklärte ich meiner Klientin: „Sicherlich war es die erste wahre Liebe, die er zu ihnen empfunden hat. Wahrscheinlich haben Sie sich gefunden weil sie zusammen gehört. Im Universum gibt es aber nicht nur eine Seele, die zu einer anderen gehört. Das würde ja der reinste Chos werden, wenn jeder nur nach einer einzigen Seele sucht, die zu ihm passt. Ganz sicher gibt es da noch viele andere Seelen."

Sie waren nun nicht mehr zusammen. Sie dachte noch jeden Tag daran. Manchmal war sie traurig, manchmal wütend und oft machte sie sich auch Sorgen um den anderen. Das häufig schon beim Aufstehen oder vor dem Schlafengehen.

Also zu einer Zeit wo gerade Gefühle und Gedanken das universelle Bewusstsein am besten erreichen. Zwar konnte sie auch manchmal abschalten und andere Dinge tun aber ihr ehemaliger Partner war jeden Tag gegenwärtig.

Es war kein Wunder mehr das A. solange erfolglos war. Diese böse und verletzende Trennung raubt ihr nun schon zweieinhalb Jahre so viel Energie. Die fehlte ihr. Außerdem sendete sie zu den besten Zeiten an das universelle Bewusstsein Traurigkeit, Wut und Sorgen, die natürlich dann immer wieder zu ihr zurückkamen. A. musste loslassen.

Mit ihren ständigen Gedanken und Gefühlen, die sie zu dieser Seele noch hat und aussendet, beeinflusste sie auch die andere. Mit ihren Gefühlen und Gedanken schaffte sie ja keine Kooperation, die sie weiter bringt. So versperrt sie auch die andere Seele erneut den Weg zu ihr zurück, falls das richtig wäre. Ob dieser Weg wieder zu ihr führt oder nicht, kann sie nicht beeinflussen. Sie muss dem Universum in diesem Fall einfach vertrauen. Es wird für sie das Richtige eintreffen.

Ich ging mit ihr in die Hypnose, die sie ja kannte und es kam dort zu einer Begegnung mit der anderen Seele.

Sie sagte folgende Sätze:

1. Ich verzeihe dir.

2. Ich segne dich.

3. Ich liebe dich und lasse los.

Zu 1. Das Verzeihen steht an erster Stelle, denn nur so kann man wirklich jemanden loslassen. Anders gesagt, wenn ich noch einen Groll gegen jemanden habe, der mir Unrecht angetan hat oder mich wütend oder traurig gemacht hat, dann trage ich das auch weiter mit mir rum. Ich muss dem anderen verzeihen, und damit meine negativen Gefühle, die mich nur von meinem Erfolgsweg abhalten, verlieren.

Zu 2. Mit dem Segnen empfindet man selbst die Macht zu haben jemanden segnen zu können. Man fühlt sich als Schöpfer. Das tut gut. Dabei müssen Sie nicht gläubig sein, um jemanden segnen zu können. Sie müssen es nur tun. Das ist kein Privileg einer Religion, das kann jeder. Jeder ist ein Teil der Schöpfung und kann segnen, wen er will.

Ich segne dich also im Namen der Schöpfung, aus der wir beide sind. Alles ist mit einander verbunden. Wenn ich dich also segne, segne ich damit die Schöpfung und mich selbst. Fühlen Sie, welche enorme positive Kraft dahinter steckt, wenn sie es tun.

Zu 3. Wenn man jemanden immer noch liebt, dann sollte man das auch sagen und nicht lügen. Trotzdem lässt man den anderen los und übergibt ihm dem Universum. Wenn die beiden wirklich zusammengehören, dann können sie sich nur neu finden, wenn der andere erst einmal loslässt. Wenn sie nicht zusammen gehören, dann hat man losgelassen, fühlt sich selber frei und ist offen für andere Menschen, auch für die Liebe.

Nach der Hypnose des Loslassens funktioniert das, wenn man danach den Wunsch nach einer glücklichen Beziehung fest in seine Herzenswünsche eingibt, ohne an jemanden bestimmtes zu denken. Das befreit nach und nach immer besser von Liebesschmerz, den man in sich trägt.

A. ist heute wieder sehr erfolgreich. Zwar hat sie noch keinen neuen Partner aber auch kein Liebesschmerz mehr. Sie ist sicher, dem richtigen Partner zu begegnen.

Obwohl Liebeskummer nach einer Trennung durchaus normal ist und uns unter Umständen sogar wachsen lassen kann, kann aber unverarbeiteter Liebeskummer und Trennung das Leben eines Menschen nachhaltig negativ beeinflussen. Es hält uns von einem glücklichen und erfüllten Leben ab und auch andere Menschen können dadurch zu Schaden kommen.

Zum Beispiel kann ein Mensch, der diesen Kummer nicht verarbeitet hat, in einer neuen Beziehung seinen Partner schaden, aber auch Freunde negativ beeinflussen u.v.m. Deshalb habe ich zu diesem Thema auch ein kleines aber meiner Meinung nach wichtiges Buch unter dem Titel „Liebeskummer und Trennung" als E-Book veröffentlicht.

Beim Loslassen geht es aber auch darum, selbst die eigene Schuld loszulassen. Jeder Mensch hat in seinem Leben auch Schuld auf sich geladen. Keiner ist perfekt. Wenn sich Ihre Schuld bei Ihnen bemerkbar macht, dann senden Sie falsche Informationen und Gefühle. Selbst wenn Sie es immer wieder bereuen. Das ist zwar edel von Ihnen, bringt sie aber nicht weiter. Es führt Sie auch zu falschen Glaubenssätzen und Vorurteile, auf die wir in den nächsten Abschnitten noch ausführlich eingehen.

Also lassen Sie los. Wenn es Dinge sind die Ihnen sehr an die Nieren gehen und Sie noch etwas korrigieren können, dann tun sie es. Wenn nicht, dann verzeihen Sie sich selbst. Denken Sie immer daran, niemand ist perfekt, also erlauben auch Sie sich Fehler. Lernen Sie daraus und verzeihen Sie sich. Lieben und segnen Sie sich selbst und lassen Sie alles was sie belastet los.

Ein weiterer Prozess des Loslassens sind die Vorurteile und negative Glaubenssätze. Sie sind wesentlich dafür verantwortlich, ob Sie im Sinne der Wunscherfüllung erfolgreich sind oder nicht. Insbesondere dann, wenn Ihnen die Erfüllung schon auf einen Silbertablett reserviert wird und Sie wegen Vorteile blind sind und es nicht erkennen. Im nächsten Abschnitte betrachten wir nun diesen Bereich unseres Bewusstseins.

Hier aber erst noch einmal eine Zusammenfassung

1. Überprüfen Sie, ob noch negative Gefühle aus der Vergangenheit in Ihnen wirken. Negative Gefühle brauchen Sie nicht. Sie liegen in Ihrer Vergangenheit. Sie aber leben im Hier und Jetzt und wollen bewusst und schöpferisch Ihre Zukunft gestalten und Ihre Herzenswünsche wahr werden lassen. Lassen Sie also alle negativen Gefühle los.

2. Negative Gefühle sind immer mit Ereignissen und an Personen verbunden. Lösen Sie diese auf, indem Sie visualisieren und die oben genannte Methode des Loslassens anwenden. Wiederholen Sie es, bis Sie es können und sie wirklich endgültig aufgelöst haben.

3. Besonders bei Trennungen nach einer Beziehung kann es Ihnen schwerfallen, sich endgültig emotional zu lösen. Ihr Verstand wird dieses Problem nicht lösen Führen Sie deshalb die oben genannte Methode durch und schicken Sie ins universelle Bewusstsein gleichzeitig Ihren Herzenswunsch nach einer glücklichen und erfüllten Partnerschaft. Denn das ist es doch wirklich, was Sie wollen. Stellen Sie sich dabei keinen konkreten Menschen vor.

4. Wenn Sie selbst Schuld auf sich geladen haben, dann verzeihen Sie sich selbst und lassen Sie los. Falls Sie da noch etwas korrigieren oder abschwächen können, dann tun Sie es. Überlegen Sie aber gut, ob das sinnvoll ist und nicht nur noch weitere Probleme mit sich bringen kann. Ansonsten verzeihen Sie sich, mit oben genannter Methode und lernen daraus. Es ist menschlich Fehler zu machen.

5. Negative Gefühle müssen nicht immer mit Ereignissen oder Personen aus der Vergangenheit zu tun haben. Manchmal sind es auch einfach nur andere Menschen, die Sie für bestimmte andere Menschen oder Ereignisse negativ beeinflussen oder manipulieren. Überprüfen Sie das und lassen Sie los. Es macht Sie kein bisschen glücklicher und ist einfach nur schlecht für Sie, wenn Sie auf so etwas hören.

6. Wenn Sie loslassen, so wie beschrieben, werden Ihre Wünsche mit Hilfe der schöpferischen Kraft Ihrer Gedanken und Gefühle viel schneller wahr. Ja manchmal, um ein vielfaches schneller.

4.3. Vorurteile

Vorurteile gibt es genügend. Sollte ich alle Fallbeispiele aufführen in denen falsche Vorurteile eine Rolle spielen, dann würde dieses Buch mehrere Bände umfassen. Falsche Vorurteile führen uns meistens zu falschen Glaubenssätzen, die dann tiefer in unser Bewusstsein dringen und unser ganzes Denken und Fühlen beeinflussen. Sie führen uns vom Weg zu einem glücklichen Leben ab.

Wie kommt es zu Vorurteilen?

In unserem Leben werden wir ständig mit neuen Menschen und Situationen konfrontiert. Um darauf reagieren zu können, nutzen wir unsere Erfahrungen und vermeintliches Wissen anderer, um die Situation schnell zu durchschauen. Dadurch können wir schneller darauf reagieren. Das ist oft auch notwendig. Wir können nicht jedes Mal in einer neuen Situation erst eine Menge von Informationen dazu sammeln und dann verarbeiten. In der Literatur nennt man es oft Schubladen denken.

Wir denken also in Schubladen und das ist notwendig. Entscheidend dabei ist aber mit welchen Inhalten, gedanklich wie emotional, wir diese Schubladen wirklich füllen. Das können positive wie auch negative sein. Sind diese Schubladen einmal gefüllt, dann ist es schwer wieder etwas zu ändern. Vorurteile werden in unserem Tiefenbewusstsein abgespeichert, auch wenn wir uns selbst dann nicht mehr daran erinnern. Wir reagieren also unbewusst mit unseren Vorurteilen. Also wir merken es gar nicht mehr, dass unsere Gefühle und Entscheidungen von

Vorurteilen geprägt sind. Das wurde in vielen Untersuchungen nachgewiesen.

Es gibt aber auch Vorurteile die uns durchaus bewusst sind und die wir manchmal richtig pflegen. In meinem Coaching habe ich schon öfter gehört: "Ich kann mit meinen Vorurteilen ganz gut leben. Warum soll ich daran etwas ändern?" Meist dienen in diesem Fall die negativen Vorurteile auch zur Aufwertung des eigenen EGOs. Diese Menschen sind auch sehr empfänglich für Erlebnisse und Meinungen andere, die diese Vorurteile noch unterstützen. Das hindert Sie aber auf ihrem Weg, die richtigen Kooperationen zu finden, um ein erfülltes und glückliches Leben zu führen.

Solche Vorurteile ziehen sich schon durch die ganze Geschichte der Menschheit. Besonders dann, wenn es um Menschen und Menschengruppen geht. Ein extremes aber simples Beispiel ist die damalige Rassentrennung in den USA. Weiße arme Tagelöhner oder Farmer denen es richtig schlecht ging, fühlten sich aber den „Schwarzen" total überlegen. Das gab ihnen innerlich eine persönliche Aufwertung ihres EGOs. So konnte Rassenhass geschürt werden. Es führte aber dazu, dass sie so viel Energie für diesen „Rassenhass" aufbrachten, so dass für die Erfüllung ihrer eigenen Herzenswünsche, die absolut nichts mit der „schwarzen" Bevölkerung zu tun hatte, meistens nicht mehr genug da war. Hinzu kam die Schuldzuweisung für die eigene schlechte Lage. Weise ich aber anderen die Schuld zu, dann brauche ich selbst ja gar nichts mehr zu tun, um meine Lage zu verbessen. Damit entmündigten sie sich selbst. Das hält vom Weg der Wunscherfüllung ab. Suchen Sie also niemals durch Vorurteile die Schuld bei anderen. Sie machen sich damit nur selber klein.

Diese Geschichten lassen sich, wie schon erwähnt, durch die Geschichte der gesamten Menschheit fortführen. Nicht der einzelne Mensch ist dadurch im Leben glücklicher geworden. Meistens werden Vorurteile gezielt geschürt, damit einige wenige Ihre Interessen und Ziele verwirklichen können. Und das ist auch heute noch so. Lassen Sie sich nicht zum Spielball solcher Menschen machen. Fokussieren sie sich auf ihre eigenen Herzenswünsche und sie werden schnell feststellen, dass Sie durch diese Vorurteile nur abgehalten werden, ihren eigenen Weg in Glück und Erfüllung zu finden.

Es ist verblüffend, wie schnell man zu Vorurteilen kommen kann. Ein oder zwei negative oder positive Erlebnisse reichen manchmal schon aus und schon verallgemeinert man und lehnt es ab. Oder ist von vorherrein positiv eingestellt. Wenn dann noch ein paar passende Meinungen von anderen dazu kommen, dann wird es allgemeingültig und zu einem Glaubenssatz. Der setzt sich dann im Tiefenbewusstsein fest. Mit allen negativen oder verkehrten positiven Gefühlen, die dazu gehören. Aber ist denn diese Aussage wirklich allgemeingültig? Nach näherer Betrachtung, in den meisten Fällen nicht.

Es ist deshalb wichtig diese Schubladen ab und zu mal zu durchwühlen und zu hinterfragen, ob die dazu gehörigen Gedanken und Emotionen noch stimmen. Insbesondere dann, wenn Sie merken, dass Sie ihnen bei der Erfüllung ihrer eigenen Ziele im Weg stehen oder Ihnen viel zu viel Energie rauben. Also ist Ihnen diese Schublade hilfreich oder hebt bzw. blockiert Sie ihre Zielerfüllung. Vorurteile, negative wie positive, die Sie hemmen oder blockieren, schaden Ihnen.

Fallbeispiel von S.

In meine Praxis kam S.. Sie war eine sehr sympathische junge Frau und wollte sich ein eignes Geschäft aufbauen. Konkret festgelegt hatte sie sich dazu noch nicht. Aber ein eigenes Geschäft, das habe sie sich schon immer gewünscht. Am besten eins was mit Gesundheit oder Beauty zu tun hat. Sie hatte aber kein eigenes Geld dafür. Eine geeignete Ausbildung im Gesundheitsbereich hatte sie auch nicht. Ein Angestelltenverhältnis oder eine Umschulung wollte Sie aber nicht. Das war also eine ziemlich schlechte Ausgangsposition. Ihr größter Trumpf war ihre Motivation und ihr sehr sympathisches Auftreten.

Ich fragte sie, ob sie schon in Geschäften war, die Filialen aufbauen wollen. Dort könnte sie selbstständig eine Filiale leiten. Darauf erzählte sie mir, dass sie schon ein Angebot bekommen hat. Der wollte sie wirklich sehr gern haben. Man hätte ihr die Filiale im Beautybereich komplett eingerichtet und sie hätte dann immer ein Anteil ihrer Gewinne gezahlt, bis es eben abgezahlt war. Die einzige Bedingung war, dass sie die Waren zum Großhandelspreis vom Sponsor beziehen muss. Das wäre aber kein Problem, da diese Waren gut und gefragt waren. Aber der Sponsor war ein Türke und mit Türken macht sie keine Geschäfte. Die betrügen einen sowieso nur, sagte sie.

Ich fragte sie, woher sie das denn wisse. Worauf Sie antwortete, dass das ja wohl allgemein bekannt ist. Sie hat es ja selbst einen Türken gehört. Der muss es ja am besten wissen. Ich fragte sie: „Wie viele Beispiele kennen sie denn persönlich, wo Türken betrogen haben?" Sie zuckte nur mit den Schultern und sagte, weiß ich jetzt nicht.

Ich selbst habe hier in Berlin schon so viele liebe und gute Türken kennengelernt. Natürlich war das ein Vorurteil von ihr. Ich dachte mir: „Hallo, da schickt sie nun einen Herzenswunsch in Universum, bekommt dann eine positive Antwort und nimmt das nicht an, weil sie diesen dummen Vorteil hat." Da der Türke schon einige Filialen hatte, bat ich sie doch einfach mal, in ein oder zwei oder von mir aus in alle zu gehen und mit den Betreibern zu reden, wie die Zusammenarbeit mit ihm so ist. Das tat sie denn auch und bekam ein eindeutiges positives Feedback.

Mit dieser Information kann Sie zum zweiten Mal zu mir. Sie hatte auch schon mit dem Sponsor, also Türken gesprochen und ihr Interesse bekundet. Worauf ich sie fragte, ob nun ihr Vorurteil beseitigt wurde. Sie sagte, dass sie immer noch etwas skeptisch sei.

Nun ist Skepsis im Geschäft mit anderen, die man noch nicht richtig kennt, nicht schlecht. Bei Nachfragen von meiner Seite erkannte ich aber dass sich diese Skepsis immer noch hauptsächlich darauf bezieht, weil er ein Türke ist. Nach meinen Erfahrungen über die Wunscherfüllung hätte sie so das Geschäft nicht bekommen und wenn, dann nicht erfolgreich führen können.

Ich bat sie deshalb sich besser zu informieren. Auch bot ich ihr an, wenn sie ihre Einstellung für falsch hält, aber gefühlsmäßig damit Probleme hat, über eine Hypnosesitzung dieses Vorurteil los zulassen.

In der dritten Sitzung erzählte sie mir von dem Gespräch mit ihm und das sie nun einen Vertrag machen wollen. Ich riet ihr den Vertrag überprüfen zu lassen, wie bei jeden anderen auch. Heute leitet sie selbstständig eine Filiale und ist erfolgreich.

Was ist aber, mit den Menschen die Vorurteile ausgesetzt sind?

Einige Menschen sind schon seit ihrer Kindheit Vorurteilen ausgesetzt. Bei Kindern beginnt sich das, um das vierte Lebensjahr ins Tiefenbewusstsein zu manifestieren. Oft sind es Menschen, die nicht in das durchschnittliche Bild einer sozialen Gruppe passen. Wie du bist zu dick, du bist zu dumm, du bist schwarz und vieles mehr. Mit der Zeit glauben Sie teilweise selbst daran und es setzt sich in ihr Tiefenbewusstsein fest. Werden Sie älter, dann steuern sie dagegen und suchen ihren eigenen Weg, auch wenn sie weiterhin Vorurteilen ausgesetzt sind. Die in der Kindheit festgesetzten Vorurteile und Zweifel an sich selbst, bleiben oft unbewusst bestehen. Der Prozess der schöpferischen Wunscherfüllung wird dadurch sehr gehemmt. Wie im Abschnitt Zweifel schon beschrieben.

Lassen sie mich dazu über zwei Fälle berichten.

Der Fall J.

J. kam zu mir zum Coaching. Es war ein 32 jähriger Mann mit dunkler Haut und drahtigem Haar. Er sprach perfekt deutsch. Das heißt nicht perfekt, sondern im perfekten Berliner Dialekt. Er war in Deutschland geboren und lebte hier schon sein ganzes Leben lang. Seine Mutter war eine Deutsche und sein Vater war aus Namibia. Er wuchs bei seiner Mutter auf und lebte hier in Berlin.

Sein Anliegen an mich war, er wollte erfolgreich werden. Dazu hatte er nur vage Vorstellungen. Zuerst erzählte er mir etwas aus seinem Leben. Als Kind wurde er von einigen Leuten in der Schule gemobbt, da er schwarz war. Obwohl er nichts Konkretes aufführen konnte, hatte er aber damals das Gefühl, dass auch Lehrer ihn anders behandelten als den Rest der Mitschüler. Ein Lehrer, mit dem er sich gut verstand, sagt ihm: „ Du musst besser als die andern sein, so findest auch du Anerkennung." Damals sah er schwarze Musiker und Schauspieler die ja hohe Anerkennung fanden. Das wurden seine Vorbilder. Lieder aber konnte er keine besonderen großen Begabungen bei sich entdecken und war auch nur mittelmäßig in der Schule. Auch heute noch werde er von fremden Menschen angepöbelt, nur weil er schwarz sei. Er fühle sich nun als Versager und wollte raus aus dieser Sackgasse, wie er mir sagte.

Ich fragte J., ob er schon Erlebnisse und Erfolge hatte, die ihn wirklich glücklich gemacht haben. Darauf antwortete er, dass er immer gut bei Frauen ankommt und schon viele Frauen hatte. Auch habe er sein großes Glied sicherlich von seinem Vater geerbt, was ja auch ein Vorurteil seinerseits ist. „Die meisten Frauen fahren total darauf ab. Aber sicherlich hilft mir das im Leben erfolgreich zu werden auch nicht weiter", schob er noch leise und nachdenklich hinterher. Womit er wohl Recht hatte. Aber es war auch menschlich, dass er sich, da andere Erfolge bisher ausblieben, auf diese Erfolge fokussierte. Nur leider stellte ich, aufgrund seiner Schwärmerei fest, dass er einen Großteil seiner Gedanken, Gefühle und Energien dafür einsetzte. Wo war da noch genug Platz für seine schöpferische Wunscherfüllung?

In diesem Fall kamen gleich mehrere Vorurteile zum Tragen. Zum einem waren es die Vorurteile von anderen, die ihn runter zogen. Zum anderen waren es die eigenen Zweifel, die selbst Vorurteile in ihm hervorgerufen haben.

Nur weil er schwarz ist, muss er besonders gute Leistungen bringen, ist ein Vorurteil, welches ihm gesagt wurde und was er verinnerlicht hat. Da er dazu aber nicht in der Lage war, fühlte er sich als Versager. Weil er also anders aussieht, muss er mehr leisten, um anderen gegenüber gleichwertig zu sein. Das ist falsch! Wir sind alle Teile eines Ganzen und niemand muss dort seine Gleichwertigkeit beweisen. Das muss er wirklich nicht, wenn er ein glückliches und erfülltes Leben führen will.

Seine von der Regel abweichendes Aussehen kam nur bei Frauen gut an, deshalb fokussierte er das, um Anerkennung zu finden. Zwar in gewisser Weise verständlich aber auch falsch. Damit beschränkte und degradierte er sich selbst auf nur diese eine Sache, weil er sich innerlich für nichts anderes mehr gut hielt. So konnte er aber nicht die richtigen Kooperationen finden bzw. erkennen, um schöpferisch seine Wünsche zu erfüllen.

Ich begann bei ihm mit der schöpferischen Wunscherfüllung. Er schrieb mir seine Herzenswünsche auf und nachdem wir sie umformuliert hatten, waren sie gut. Allerdings musste ich nachfragen, ob er sich nicht auch eine erfüllte und glückliche Partnerschaft wünscht, denn das kam in seinen Wünschen nicht vor.

Er antwortete schnell: „Natürlich wünsche ich mir das. Das habe ich nur vergessen. Ist eigentlich selbstverständlich für mich.“

Das passiert mir öfter bei Macho- Männern. Was Frauen oder vielleicht auch Männer betrifft, sind sie sich ihrer Sache sicher. Warum sollten sie also einen Wunsch dafür verschwenden. Es erfüllt sich aber nur das, was wir uns auch von ganzen Herzen wünschen. Man kann sich noch für so unwiderstehlich halten, wenn Sie sich keine glückliche Beziehung wünschen, dann bekommen Sie die auch nicht. Also wünschen Sie sich alles das, was ihre Herzenswünsche sind, sonst erfährt es keiner, auch nicht das universelle Bewusstsein.

Wir gingen dann in den Wunscherfüllungsprozess, den er bis heute weiter führt. Sein Herzenswunsch nach einem schöpferischen Beruf hat sich schon erfüllt. Er arbeitet in einem Restaurance in der Küche und ist sehr begabt. Er wird geschätzt und ist beliebt. Eine feste Freundin hat er auch schon. Ob es schon die große Liebe ist, weiß ich nicht. Wenn nicht dann kommt es sicherlich noch. Er ist also auf dem Weg seine Herzenswünsche zur erfüllen. Es wird ihm gelingen, da bin ich sicher.

Der Fall V.

F. war ein junges Mädchen und 19 Jahre alt. Sie war sehr hübsch und freundlich. Ihr Anliegen war es schlanker zu werden. Ich war verblüfft. Zur Hypnose kamen ja öfter mal Frauen und selten auch Männer zu mir, die abnehmen wollten. Das waren aber Menschen, die tatsächlich sehr viele Fettanteil im Körper hatten. Da natürlich ein gesunder Körper in der Ganzheitlichkeit von Körper, Geist und Seele wichtig ist, habe ich ihnen auch gern geholfen.

V. hatte aber tatsächlich einen starken Körperbau und kein Fett, alle Proportionen stimmten. Eine schöne junge Frau. Wo sollte sie da abnehmen? Sie erzählte mir dazu ihre Geschichte. Schon als Kind war sie dick. In der Schule wurde sie deshalb gehänselt. Als sie älter wurde hat auch ihre Mutter gesagt, sie soll was für ihre Figur tun und nicht so viel essen. Auch ihre Freundinnen schauten sie ebenfalls manchmal mitleidig an. Besonders schlimm war es immer, wenn sie ins Bad mit ihnen ging. Sie schwimmt gerne. Nun aber geht sie nicht mehr mit schwimmen, denn sie schämt sich dabei. Jetzt habe sie sich bei zwei Stellen als Bürofachfrau beworben, wurde aber immer abgelehnt. Sie schob es darauf, dass sie einfach zu dick und damit unattraktiv sei. Sie war sehr verzweifelt und wolle jetzt unbedingt abnehmen.

Durch ihren starken Körperbau war sie schon von Kindheit an, dem Vorurteil ausgesetzt sie sei zu dick. Später als sie ein Teenager war, wurde das noch durch ihre Mutter und den Freundinnen verstärkt. Das setzte sich fest in ihr Tiefenbewusstsein und bestimmt ihr Denken und ihre Gefühle. So fühlte sie sich ständig unattraktiv und strahlte das natürlich auch nach außen. Ihr Selbstbewusstsein war deshalb sehr gering. Das hatte natürlich auch Auswirkungen in ihrem Handeln und bei einer Bewerbung. Da sie wirklich sehr gut aussah und sehr freundlich war, konnte ich mir nicht vorstellen, dass es an ihrem Aussehen lag, warum sie die Stelle nicht bekommen hat. Auch ihren Abschluss bei der Berufsausbildung lag zwischen gut und sehr gut. Sie hatte also alle Voraussetzungen glücklich und erfolgreich zu sein.

Hier wendete ich einen Trick an. Ich erklärte ihr, dass die Hypnose bei ihr nur wirkt, wenn wir ihre ganzen Wünsche, die sie hat, mit einbeziehen. Dazu müsste ich erst einmal wissen, warum sie schlanker werden will. Das musste sie mir aufschreiben und es entsprach natürlich schon mal ihre Herzenswünsche von Liebe, Partnerschaft, Familie und beruflichen Erfolg. Diese Wünsche formulierten wir richtig und bauten sie in eine schöpferische Wunscherfüllung ein. Dabei erklärte ich ihr noch, dass es diese Wünsche sind, die sie ja glücklich machen. Das Abnehmen wäre ja nur ein Nebeneffekt, wenn es zur Erfüllung ihrer eigentlichen Wünsche notwendig ist. Sie solle deshalb das Abnehmen aus ihren Wünschen ausklammern, sondern wirklich nur ihre Herzenswünsche weiter im Auge behalten. Das universelle Bewusstsein würde schon wissen, wie viel sie dafür abnehmen müsste. Das tat sie dann auch und hielt sich konsequent an das Wunschprogramm, welches ich ihr gab.

Tatsächlich war das nächste Bewerbungsgespräch nach 3 Wochen erfolgreich, und zwar dort, wo sie wirklich immer schon arbeiten wollte. Auch hatte sie noch 3 kg abgenommen. Obwohl das bei ihrem Körperbau nicht groß zu sehen war, war sie aber so zufrieden damit, dass sie wieder schwimmen ging. Da lernte sie dann auch ihren jetzigen Freund kennen. Was für ein Glückspilz.

Wie sieht es nun mit den falschen positiven Vorurteilen aus? Hierzu ein Beispiel: Vor ca. zwanzig Jahren schwappte die Ideologie des guten Geldes von Amerika auch nach Europa über. Geld ist gut, Geld ist schön, Geld ist deshalb unbedingt erstrebenswert. Es gab denn auch viele Bücher darüber, wie herrlich Geld ist. Auch erinnere ich mich an eine Hypnose CD: Geld, Geld, Geld, viel Geld wurde da suggeriert und davon gab es viele solcher CDs. Natürlich ist das ideologisch gesteuert. In einer Marktwirtschaft braucht man Geld. Geld, um alle diese sinnvollen aber meistens sinnlosen Dinge zu kaufen, damit die kapitalistische Wirtschaft weiter floriert. Profitieren tuen dadurch nur einige Wenige, aber die haben die Macht Menschenmassen weltweit auf so einer Art und Weise zu manipulieren.

Nach zwanzig Jahren hat es nun auch schon unsere junge Generation erreicht und hinterlässt Spuren. Manchmal hat man das Gefühl, es dreht sich alles nur noch um Geld. Es werden immer besser Methoden, natürlich für viel Geld geschult, wie jeder noch mehr Geld bekommen kann. Selbst in sozialen Beziehungen und Freundschaften, wo es früher noch tabu war, nimmt es nun mehr oder weniger einen Platz ein. Jeder will so viel wie möglich Geld verdienen.

Das Geld gut ist, nach dem jeder streben soll, ist ein Vorurteil. Wie jedes Vorurteil sitzt es in unserem Tiefenbewusstsein und wirkt unbewusst auf unser Denken und Fühlen. Das macht manche Menschen immer unzufriedener und sie wissen nicht warum. Immer mehr Menschen bauen sich deshalb „Geschäfte" auf, wo sie andere aus der Familie, Freunde und Bekannte davon begeistern wollen, weil sie durch neue Mitarbeiter Geld verdienen. Freundschaften, Bekanntschaften und familiäre Beziehungen sind dadurch schon zerbrochen.

Manchmal werden sogar neue Bekanntschaften und Freundschaften zielgerichtet dazu aufgebaut, um Vertrauen zu gewinnen und dann daraus neue Mitarbeiter zu machen. Das ist aus meiner Sicht charakterlich und moralisch sehr fragwürdig. Aber das stört diejenigen nicht, Hauptsache sie verdienen Geld damit. Das wird regelrecht geschult und beschränkt sich nicht nur auf falsch verstandenes Networkmarketing, sondern zieht immer größere Kreise. Immer mehr Firmen bieten ihren Kunden lukrative

Prämien, wenn sie neue Kunden gewinnen. Es gibt immer mehr Betrugssysteme, gerade auch durch das Internet, die den Menschen für wenig Geld viel Geld versprechen, besonders dann wenn sie andere Kunden werben. Das sind häufig sehr durchsichtige Betrugsmaschen, aber es fallen immer welche darauf rein, weil sie blind geworden sind und nur noch Geld sehen.

Ein anderes Phänomen ist, dass die Menschen aber ihr Geld nicht ausgeben wollen. Alles soll für sie billig oder wenn möglich kostenlos sein. Das treibt, besonders in dem Land in dem ich gerade dieses Buch schreibe Blüten. Ich kenne Millionäre, die hier in sozial gestützten Kantinen zum Essen gehen, nur um Geld zu sparen. Es gibt viele erfolgreiche wohlhabende Menschen, die selbst bei einem sehr günstigen Preis noch feilschen, um weniger bezahlen zu müssen.

Was man selbst so liebt, wie das Geld, gibt man natürlich nicht gern fort. Diese Liebe zum Geld setzt sich bei immer mehr Menschen ins Tiefenbewusstsein und wirkt unbemerkt auf Gedanken und Gefühle. Das hat nichts mehr mit der früher mal gelobten Tugend der Sparsamkeit zu tun. Es ist ein völliger Widerspruch zu einer Weiterentwicklung und führt nicht zur Wunscherfüllung, sondern zu immer mehr Unzufriedenheit.

Man sieht, was ein falsches vermeidlich positives Vorurteil anrichten kann. Dabei ist der Herzenswunsch nach Wohlstand ein guter Wunsch und hat sicherlich auch was mit Geld zu tun. Wie Sie aber diesen Wunsch richtig formulieren und in ihre Herzenswünsche einbauen, damit er in Erfüllung geht, erfahren noch.

Aber bei positiven Vorurteilen geht es nicht nur ums Geld. Auch andere Menschen, die vermeidlich offensichtlich erfolgreich sind, können bei Ihrer Wunscherfüllung hinderlich sein. So ist es ein Vorurteil, dass starke oder erfolgreiche Menschen wissen, wie es funktioniert und ihnen helfen können. Das kann natürlich in wenigen Fällen zu treffen, in den meisten aber nicht.

Seien Sie bei Ihrer schöpferischen Wunscherfüllung ganz Sie selbst und verlassen Sie sich nicht auf andere. Besonders wenn sie Ihnen hauptsächlich „kluge" Ratschläge erteilen oder sie merken, dass sie nur damit ausgenutzt werden, indem Sie in die Richtungen gelenkt werden, die für den anderen von Nutzen sind. Sie allein wissen, was gut für Sie ist und welchen Weg Sie gehen müssen. Ihnen wird bei der Erfüllung Ihrer Herzenswünsche der richtige Weg gezeigt und auch nur Sie können Ihn erkennen.

Suchen Sie sich deshalb, in dieser Angelegenheit auch nicht selber Rat bei anderen. Von anderen Menschen die es vermeidlich besser wissen. Keiner kennt wirklich ihre Seele. Die kennen nur Sie und nur mit der können Sie über das universelle Bewusstsein ihre Wünsche wahr werden lassen. So werden Sie Menschen finden die nur allein durch ihr Tun, ohne Wertung und Bewertung, ihnen bewusst oder unbewusst dabei helfen. Dabei spielt es keine Rolle, ob diese nun selbst stark oder erfolgreich sind. Legen Sie also das Vorurteil ab, dass Ihnen starke oder erfolgreiche Menschen helfen können. Überlassen sie das dem universellen Bewusstsein, die richtigen Kooperationen zu schaffen. Sie müssen sie nur erkennen und annehmen.

Vorurteile führen also dazu, dass Sie, wenn Sie sonst alles richtig machen, zwar die passenden intuitiven Informationen und Fügungen vom universellen Bewusstsein bekommen, aber diese auf Grund ihrer Vorurteile nicht erkennen. Damit vergeben sie sich eine Chance nach der anderen.

Wie können Sie ihre Vorurteile ändern?

Aus meinem Coaching weiß ich, es ist nicht immer leicht, seine eigenen Vorurteile zu erkennen. Oft sind sie schon so fest in unserem Tiefenbewusstsein eingeprägt, das unserem Verstand und unserer EGO sie für richtig hält und sie als Wissen gleich setzt. Vermeidliches Wissen zu ändern fällt dann sehr schwer. Deshalb setzen Sie sich hin und überlegen Sie welches Wissen wirklich auf Ihre Erfahrungen oder Informationen beruht und ob es verallgemeinert werden kann. Haben Sie vielleicht auch schon durch persönliche Meinungen über Menschen oder Situationen falsche Entscheidungen getroffen? Mit der Zeit werden Sie Ihre Vorurteile erkennen. Hören Sie auf ihre innere Stimmen.

Wenn Sie Vorurteile gefunden haben, dann kämpfen Sie nicht dagegen an, sondern lassen Sie die los. Die Methode dazu finden Sie im Kapitel Loslassen. Es kann sein, dass Sie sich nun fragen: „Warum soll ich mich erst lieben und segnen, bevor ich sie loslasse?" Nun, Ihre Vorurteile waren eine lange Zeit ein Teil von Ihnen. Wenn Sie sich selbst lieben und gesegnet haben, dann alles an ihnen. Das universelle Bewusstsein macht da keinen Unterschied, ob es richtig oder falsch ist. Deshalb bleiben Sie dabei und ändern diesen Zustand nicht. Also lieben Sie und segnen Sie auch ihre Vorurteile aber lassen Sie dann los. Nur so wird es Ihnen dauerhaft gelingen und Ihren Wunscherfüllungsprozess dabei nicht stören.

Programmieren sie danach ihre Vorurteile um. Das Umprogrammieren kann wie folgt durchgeführt werden:

Wie oben bildlich beschrieben, werden Vorurteile in Schubladendenken in unserem Tiefenbewusstsein gespeichert. Zeichnen sie sich deshalb einen Schrank mit Schubladen auf. Schreiben Sie auf jede Schublade ein Vorurteil. Schreiben Sie ihn dann um.

Beispiele aus den Geschichten:

ALT: Mit Türken macht man keine Geschäfte. Die betrügen nur.

NEU: Es gibt bei Türken gute und schlechte Geschäftsleute, wie überall. Ich suche mir die Guten.

ALT: Bei Ausländern muss man vorsichtig sein. Die ticken anders als ich.

NEU: Bei Ausländern kann ich neue Lebensweisen und Kulturen kennenlernen. Das erweitert mein Wissen und ich kann daraus für mich etwas lernen.

ALT: Weil ich „schwarz" bin, muss ich unter „weißen" mehr Leistung bringen, um anerkannt zu werden".

NEU: Ich bin wie jeder Mensch einzigartig und habe die Macht meine Herzenswünsche zu erfüllen egal wie ich aussehe. Ich muss niemanden etwas beweisen, außer mir.

ALT: Ich bin zu dick und werde deshalb von anderen ausgegrenzt.

NEU: Ich bin wie jeder Mensch einzigartig und habe die Macht meine Herzenswünsche zu erfüllen, egal wie ich aussehe.

Hier also wieder der gleiche Satz. Den kann man bei jedem Vorurteil anwenden, wenn man selbst, aus welchen Gründen auch immer ausgegrenzt wird.

ALT: Geld regiert die Welt. Es ist deshalb erstrebenswert viel Geld zu haben.

NEU: Geld ist weder gut noch schlecht und für mich nur Mittel zum Zweck. Entscheidend ist, was ich damit tue.

ALT: Starke und erfolgreiche Menschen nehme ich mir zum Vorbild, denn sie wissen, wie man erfolgreich wird.

NEU: Starke und Erfolgreiche Menschen haben es geschafft und ich freue mich für Sie. Auch ich werde es aus eigener Kraft und mit den richtigen Kooperationen schaffen.

Diese Aufzählung könnte noch weiter so fortgesetzt werden. Vorurteile gibt es viele. Aber ich denke, das Prinzip ist deutlich klar geworden. Nehmen Sie ein Vorurteil und wandeln Sie es immer mit dem Ziel Ihrer Wunscherfüllung um. Damit streichen sie nicht nur Vorurteile aus Ihrem Tiefenbewusstsein, die Sie von ihrer Wunscherfüllung abhalten. Sie wandeln sie sogar noch in die erfolgsorientierte Richtung um und schaffen die richtigen Kooperationen. Das ist klug.

Zusammenfassung

1. Vorurteile entstehen durch eigene Erlebnisse, die wir zu schnell verallgemeinern. Oder durch Informationen und Meinungen von außen, die wir nicht kritisch genug beurteilen.

2. Vorurteile werden in unserem Tiefenbewusstsein abgespeichert, auch wenn wir uns selbst nicht mehr daran erinnern. Wir reagieren also oft unbewusst mit unseren Vorurteilen. Es ist deshalb schwer, sie zu erkennen und zu ändern. Aber es ist notwendig, um glücklicher zu werden.

3. Vorurteile verbauen Ihnen den Weg zur Wunscherfüllung. Sie erkennen oft nicht die Chancen, die Ihnen gegeben werden, weil Sie Vorurteile haben. Beurteilen Sie also auch nicht Ihre Beziehungen zu anderen Menschen nach Aussehen, Alter oder Geschlecht. Das sind Vorteile, die ihre Wunscherfüllung verhindern können. Hören Sie einfach auf Ihre Gefühle.

4. Wenn Sie Vorurteilen ausgesetzt sind, müssen Sie nicht deshalb besondere Leistungen erbringen, um anerkannt zu werden. Setzen sie in Ihr Tiefenbewusstsein folgenden Satz ein: „Ich bin wie jeder Mensch einzigartig und habe die Macht meine Herzenswünsche zu erfüllen." Fühlen Sie diesen Satz. Seien Sie emotional dabei und machen Sie Ihn zu einem starken Glaubenssatz in Ihrem Tiefenbewusstsein.

5. Vorurteile werden auch oft ideologisch, zur Zielerreichung einiger Wenige, verbreitet und geschürt. Wir machen uns damit zum Spielball von Interessengruppen.

Das hält uns von unserer eigentlichen Wunscherfüllung ab. Lassen Sie das nicht zu.

6. Sie allein wissen, was gut für Sie ist und welchen Weg Sie gehen müssen. Sie brauchen niemanden zu suchen, der Sie leitet oder betreut. Seien Sie also im Prozess Ihrer Wunscherfüllung ganz Sie selbst.

7. Wenn Sie Vorurteile gefunden haben, dann kämpfen Sie nicht dagegen an, sondern lassen Sie die los. Die Methode dazu finden Sie im Kapitel Loslassen.

8. Programmieren Sie Ihre Vorurteile um. Nehmen Sie ein Vorurteil und wandeln Sie es immer mit dem Ziel Ihrer Wunscherfüllung um. Seien Sie klug.

4.4. Glaubenssätze

Häufig gibt es einen nahtlosen Übergang von Vorurteile zu Glaubenssätzen. Glaubenssätze richten sich aber oft auch an sie selbst. Wie sie sich und ihre Situation persönlich einschätzen. Es handelt sich bei Glaubenssätzen nicht mehr um Schubladendenken, sondern um tiefe emotionale generelle Prägungen und Überzeugungen. Um die Welt interpretieren und danach handeln zu können brauchen wir Glaubenssätze. Für Ihre Wunscherfüllung gibt es förderliche und hinderliche Glaubenssätze.

Glaubenssätze werden meist schon in der Kindheit gebildet. Mit ca. 4 Jahren fangen wir an, Glaubenssätze zu bilden. Sicherlich kenne es viele aus der Kindheit wie:

Du kannst das nicht, lass mich das machen.

Aus dir wird nie was werden.

Das schaffst du nicht, suche dir was anderes,

Du musst fleißig sein, damit aus dir was wird.

Und vieles mehr.

Oft werden solche Aussagen unbewusst von den Eltern verwendet. Wenn Sie Kinder haben, achten sie mal darauf, was sie sagen und wie sie sich ausdrücken. Prägen Sie Glaubenssätze wie:

„Du schaffst das schon" oder:

„Du kannst alles schaffen, was du willst".

Sie können dadurch das Leben ihres Kindes nachhaltig wesentlich positiver beeinflussen.

Aber auch Lebenssituationen in der Kindheit können falsche Glaubenssätze hervorbringen. Zum Beispiel die Eltern arbeiten viel und haben keine Zeit. Daraus kann der Glaubenssatz entstehen: Ich werde nicht geliebt. Meine Eltern wollen nicht mit mir zusammen sein. Ich mache alles falsch.

Oder Sie werden in der Schule gehänselt, weil Sie vielleicht zu dick sind oder eine dunkle Hautfarbe haben. Daraus kann der Glaubenssatz entstehen: Ich bin hässlich. Keiner mag mich.

Sie habe Schwierigkeiten im Fach Mathematik und werden ständig deshalb kritisiert. Sie entwickeln den Glaubenssatz: Ich bin zu dumm. Das schaffe ich nicht.

Und so kann man das immer weiter fortsetzen. Als Kind haben sie nicht die Fähigkeit solche Aussagen zu hinterfragen, sondern Sie saugen sie ungefiltert auf und machen daraus schnell Glaubenssätze. Solche Glaubenssätze sind dann in ihrem Tiefenbewusstsein und beeinflussen Sie ihr Leben lang, wenn Sie daran nicht ganz bewusst etwas ändern. Tun Sie es nicht, dann lähmen Sie ihre Handlungen und ihre Kooperationsfähigkeit. Das kann Sie von Ihrer Wunscherfüllung abhalten. Wandeln Sie also negative Glaubenssätze in positive um. Wenn Sie bereit dafür sind, ist es einfacher als Sie glauben.

Dabei gibt es zwei Schwierigkeiten:

1. Sie müssen Ihre falschen Glaubenssätze erst einmal identifizieren, da Sie oft auf ihr Denken und Fühlen wirken, ohne dass es Ihnen überhaupt noch bewusst ist, fällt es Ihnen schwer, sie zu erkennen.

2. Glaubenssätze sind durch die starke Manifestierung nicht einfach mit ihrem Verstand zu ändern. Es ist also nicht einfach, da es nicht allein auf den direkten Weg unseres Denkens nachhaltig geändert werden kann. In diesem Abschnitt zeige ich Ihnen aber, wie das funktioniert.

An dieser Stelle ein erstes Fallbeispiel

Das Fall Y.

Zu mir kam zum Coaching ein junger Mann. Er war 26 Jahre alt und hatte ein auffällig gutes Aussehen. Von äußeren war er etwas dunkelhäutig, hatte schwarzes Haar, leuchtende Augen und eine sportliche Figur. Auch schien er sehr intelligent zu sein. Er erzählte mir, er habe eine deutsche Mutter und seinen Vater kenne er nicht. Er war wohl ein dunkelhäutiger Amerikaner. Y. war in Deutschland geboren und dort wuchs er auch auf. Durch seine äußerliche Andersartigkeit wurde er schon als Kind gehänselt und ausgegrenzt. Seine Hautfarbe und sein dunkel krauses Haar wurden oft bei anderen Kindern als hässlich bezeichnet. Auch hatte er das Gefühl, dass seine Mutter sein Aussehen nicht mochte, weil sie das wohl zu sehr an seinen Vater erinnerte.

Obwohl Y. bemerkte, dass er aufgrund seiner guten Erscheinung bei den Frauen Aufmerksamkeit erregte, war er doch sehr schüchtern, ja manchmal sogar richtig blockiert. Schon durch die Erfahrungen aus der Kindheit, hatte er den festen Glaubenssatz entwickelt, er sieht nicht gut aus. Er war mit seinem Aussehen absolut unzufrieden und hatte viel daran auszusetzen, was er mir auch beschrieb.

Hier zeigt sich wie stark Glaubenssätze aus der Kindheit die Widerspieglung der Realität verzerren können. Obwohl er nun als junger Mann das Gegenteil durch die Blicke und Reaktionen von Frauen bemerkte, glaubte er weiterhin fest daran, er sieht nicht gut aus. So suchte er sich immer unauffällige, nicht so attraktive Frauen, die meist in einem niedrigen sozialen Niveau lebten und auch vom Intellekt weit unter ihm standen. Er glaubte, er habe nichts Besseres verdient. Lernte er attraktive, intelligente Frauen kennen, dann baute sich in Ihm, ohne das er es wollte, sofort eine Blockade auf und er beendete den Kontakt. Darüber war er selbst aber sehr unglücklich.

Nun sagen der soziale Status, das Aussehen und die Intelligenz, nichts über den Wert eines Menschen aus. Ich selbst weiß das aus meiner Arbeit. Ich habe viele Menschen aus sozialen unteren Schichten, die keine gute Schulbildung hatten, kennengelernt, die sich als sehr liebevolle und wertvolle Menschen erwiesen haben.

Bei der schöpferischen Wunscherfüllung sind sowie so alle Menschen gleich.

In diesem Fall war es aber anders. Er selber war ja damit unglücklich. Es ging um die Erfüllung seines Herzenswunsches, nach einer glücklichen und erfüllten Partnerschaft. Wie nun dabei die Partnerin wirklich aussah und welchen Intelligenzgrad sie haben musste, war in diesem Wunsch nicht festgelegt. Nur schränkte er sich durch seinen Glaubenssatz, er habe nichts anderes verdient, damit sehr ein, damit sein Wunsch in Erfüllung geht. So begann mein Coaching nicht damit, dass er sich zukünftig traut auch hübsche, intelligente Frauen anzusprechen, sondern damit, sich sein Herzenswunsch nach einer glücklichen Beziehung zu erfüllt.

Als Erstes musste er aber seinen Glaubenssatz aus der Kindheit auflösen. Es gibt eine Vielzahl von Anleitungen und Methoden wie sie ihre Glaubenssätze verändern und so aus negativen, positive machen können. Diese können sie auch ausprobieren. Wenn sie aber den Prozess der schöpferischen Wunscherfüllung wirklich anwenden, können Sie ihre Glaubenssätze auf einfach Art umwandeln, weil sie sofort in ihr Tiefenbewusstsein gelangen und deshalb direkt darauf dauerhaft Einfluss nehmen können. Er musste also loslassen.

In diesem Fall waren alle drei Stufen für ihn von großer Bedeutung.

Ich liebe mich.

Das musste er voller Emotionen an das universelle Bewusstsein schicken. Durch seinen falschen Glaubenssatz hatte er sehr wenig Selbstliebe. Jemand der sich selbst nicht liebt, hat diese Liebe von anderen auch nie erfahren und kann auch nicht im vollen Maße andere lieben. Wie denn, wenn er selbst noch nie Erfahrungen damit gemacht hat. Er muss erkennen, dass er einzigartig und wertvoll ist. Er muss lernen sich selbst zu lieben. Wandeln Sie deshalb Ihren Glaubenssatz um, in:

„Ich bin ein wertvoller Mensch und bin es Wert Liebe geben zu können und Liebe zu empfangen. Dafür bin ich dankbar."

Ich segne mich.

Er muss in diesem Satz die Kraft, die dahinter steckt, fühlen. Er hat die Macht spüren sich selbst und andere zu segnen. Er kann Schöpfer sein. Er entscheidet über sein Leben und über das, was er von sich selbst hält. Er segnet sich. Er ist gut und einzigartig.

Ich lasse los.

Natürlich ließen, bei so wenig Selbstliebe, Erfolg und Wohlstand auch auf sich warten. Da er die nötigen Kooperationen nicht erkannte, auch wenn sie Ihm auf dem Silbertablett serviert wurden. Hier lässt er nun diesen verhängnisvollen Glaubenssatz los. Er lässt ihn nach oben schweben und sieht, wie er sich auflöst.

Danach konnte er nun erfolgreich in seine Wunscherfüllung gehen.

In diesem Beispiel wirkten hauptsächlich zwei Glaubenssätze die eine Wunscherfüllung blockierten. Zum einem: „Ich werde nicht geliebt" und zum anderen: „ Ich bin hässlich."

In meinem Coaching treffe ich auf den Glaubenssatz: „Ich werde nicht geliebt" sehr häufig. Den Ansatz einer Erklärung dafür habe ich ihnen im Abschnitt „Gefühle als Sprache der Seele verstehen" gegeben.

Stellen Sie sich einmal die Fragen:

Haben Sie das Gefühl geliebt zu werden? Lieben Sie sich selbst? Geben sie anderen Menschen genug Liebe?

Bei einer negativen Beantwortung können sich folgende Hindernisse während ihrer Wunscherfüllung aufbauen:

Da sie nie das Gefühl der Liebe erfahren haben und sich deshalb selbst nicht lieben können, wissen sie auch noch gar nicht was Liebe ist und wie es sich anfühlt. Oft macht es ihnen Angst, dieses Gefühl, welches jeder Mensch in sich trägt, also auch in Sie. Sie aber blockieren und laufen fort. Wie gleich im ersten Satz im Buch beschrieben, gibt es keine Zufälle. Auch Begegnungen mit anderen Menschen haben beide selbst hervorgebracht. Die Liebe ist dabei wohl das wichtigste Gefühl für ein erfülltes und glückliches Leben. Es sind die richtigen Kooperationen, die sie glücklich machen und weiter bringen. Wenn Sie aber Angst davor haben und weglaufen, dann können sie ihre Wünsche schlecht wahr werden lassen.

Einige fühlen sich sehr einsam und sehnen sich nach Liebe, die sie schon so lange vermisst haben. Dadurch verkrampfen sie sich. Sie sind sehr anhänglich und besitzergreifend, bei einem Menschen den Sie als Partner haben möchten und der sich in Sie verliebt hat. Dadurch machen Sie eine glückliche Beziehung unmöglich. Dieser ständige Kampf nach Liebe und der für sie unter Umständen nicht bewältigte Trennungsschmerz raubt ihnen viel Energie. Das hindert Sie bei ihrer Wunscherfüllung.

In diesem Beispiel habe ich ihnen gezeigt wie sie loslassen können und diesen falschen Glaubenssatz in einen positiven umwandeln.

An dieser Stelle noch ein anders Beispiel.

Im Abschnitt „Vorurteile" habe ich über die Liebe zum Geld als Vorurteil geschrieben. Nun gibt es aber auch das Gegenteil, welches sich als Glaubenssatz negativ auf unsere Wünsche auswirkt. Es ist die Ablehnung des Geldes.

Glaubenssätze wie: „Geld verdirbt den Charakter." Oder „Reiche Leute leben nur auf Kosten der Anderen" und so weiter, ist ebenfalls ein falscher Glaubenssatz, der auch schon meist im Kindesalter geprägt wurde. Es erzeugt in unserem Tiefenbewusstsein eine Abneigung gegen Geld generell, was uns aber oft gar nicht mehr bewusst ist. Das bremst uns natürlich bei der Wunscherfüllung, wie ein sorgenfreies Leben, in Wohlstand leben oder geschäftlichen

Erfolg. Geld ist der abstrakte Wert einer Leistung, einer Sache oder einer Dienstleistung. Geld ist also weder gut noch schlecht, sondern nur Mittel zum Zweck. Wie wir mit diesen Werten umgehen, das ist eine ganz andere Sache und wird im späteren erklärt.

Lassen Sie mich zu diesem Thema ein Fallbeispiel erzählen.

Der Fall C.

C. war eine Frau im mittleren Alter. Sie war Unternehmerin und eine richtige „Powerfrau". Sie erzählte mir, sie habe schon drei Unternehmen in ihrem Leben aufgebaut. Dabei lief es am Anfang immer sehr gut. Sie fand Anerkennung und hatte Erfolg. Als Innenarchitektin hatte sie am Anfang ein Beratungsbüro. Nach einem guten Start lief es vier Jahre sehr gut aber dann ganz plötzlich wieder schlechter und Sie musste das Büro schließen. Hatte aber schon etwas anderes gefunden und wurde freiberufliche Mitarbeiterin als Industriedesignerin. Auch das lief vier Jahre sehr gut und dann war es wieder vorbei. Danach gründete und leitete sie eine Schule für Design und hatte vier Mitarbeiter. Sie schulte dort nicht nur Fachleute, sondern in den meisten Fällen einfache Menschen die sich für dieses Gebiet interessierten, um es zur Gestaltung ihrer eigenen Lebensräume nutzen zu können. Das war zu dieser Zeit einmalig und kam sehr gut an. Auch hier lief es fünf Jahre gut. Danach musste Sie Insolvenz anmelden.

C. wusste einfach nicht, warum es ihr immer wieder passiert, dass sie die Erfolge nicht dauerhaft halten konnte. „Ich habe mir schon so oft den Kopf zerbrochen und komme einfach nicht zu einer Erklärung" sagte sie mir. Freunde und Verwandte haben sich auch darüber Gedanken gemacht. Einige waren dann der Meinung, dass es nicht mit rechten Dingen zugehen kann. Sie sollte doch mal zu einem Schamanen gehen. Das tat sie dann auch aus Verzweiflung. Und siehe da, der Schamane stellte fest, dass ein Fluch auf ihr liegt. Da sie sich sofort vorstellen konnte, von wem der Fluch kommt, glaubte sie ihm und war erstaunt, wie er das feststellen konnte. Der Fluch wurde nun von ihr genommen und sie war optimistisch, dass nun alles gut wird.

Lassen Sie mich dazu noch einiges erklären. Viele Menschen, die solche Dienste in Anspruch nehmen, werden mit einem oder gleich mehreren Flüchen konfrontiert. Jeder Mensch hat nämlich auch Tiefen in seinem Leben erlebt, die er sich nicht erklären kann. Da kommt manchmal ein Fluch gerade recht und erschient glaubwürdig. Endlich gibt es eine Erklärung dafür. Es entsteht für den Kunden auch gleich ein Mehrwert, denn der Fluch wird einem ja genommen und man ist dankbar. Oft wird ihn dann noch gesagt, er solle ab und zu wieder kommen, um sicher zu sein, dass der Fluch nicht doch wieder zu ihm kommt. So baut man sich dann einen Kundenkreis auf.

Das universelle Bewusstsein kann keine Wünsche realisieren, die sich gegen einen anderen Menschen richtet. Schon allein dadurch nicht, weil jeder seinen freien Willen hat und selbst entscheiden kann, welche Kooperationen er für seine Wunscherfüllung eingeht und welche nicht. Wenn Sie also ein Tief erleben, dann haben Sie falsche Entscheidungen getroffen und sind schlechte Kooperationen eingegangen. Das basiert hauptsächlich auf Glaubenssätze, die Ihnen nicht immer bewusst sein müssen. Also nicht auf negative Einflüsse oder Flüche von außen.

Sicherlich gibt es Menschen, die einen stärkeren Zugang zum universellen Bewusstsein haben als zurzeit die Meisten. Flüche erkennen und nehmen gehören ganz sicher nicht dazu.

C. war jedenfalls fest überzeugt, dass ihr nun der Schamane den Fluch genommen hat und alles besser würde. Und siehe da, es ging wieder bergauf. Sie bekam eine feste freiberufliche Tätigkeit, viel Geld blieb durch ihre Insolvenz dabei nicht übrig. Sie bekam auch eine gute bezahlbare Wohnung trotz ihrer begrenzen finanziellen Möglichkeiten. Die Arbeit machte Ihr viel Spaß. Das ging zwei Jahre gut und dann verlor sie ihre Tätigkeit und musste von sozialen Leistungen leben. Vielleicht war es falsch, nicht öfter zu den Schamanen zu gehen? Aber bevor sie das tun wollte, kam sie erst einmal zu mir und wollte wissen, ob ich ihr helfen kann.

Nach einem ausführlichen Gespräch konnte ich dann schnell feststellen, woran es lag, dass sie keinen dauerhaften Erfolg hatte. Da Sie Unternehmerin und selbstständig war, kam die Sprache natürlich auch auf das Thema Geld. Es war so offensichtlich, was da der störende Glaubenssatz war. Sie hielt nämlich gar nichts vom Geld und schon gar nicht von Reichtum.

Aus diesem Glaubenssatz leitete sie ihre Unternehmensführung ab:

1. „Ich hatte immer moderate Preise für meine Leistungen. Ich will, ja den Leuten nicht das Geld aus der Tasche ziehe und auf ihre Kosten reich werden. Ich konnte aber durch viel Arbeit gut damit leben. Mehr ist nicht notwendig."

Meiner Meinung nach hat sie ihre Leistung weit unter dem Wert verkauft.

2. „Ich hatte immer nur so viel Geld, wie ich wirklich brauche. Das ist genug für mich. Wenn ich mal mehr hatte, habe ich es auch gern ausgegeben. Geld muss fließen."

Meiner Meinung nach hatte sie so eine Abneigung Geld zu haben, dass sie es nicht bei sich haben wollte und es deshalb für sich oder andere schnell ausgegeben hat. An notwendige Reserven in einer selbstständigen Tätigkeit hatte sie nicht gedacht.

3. „Ich habe meinen Überschuss immer in soziale Einrichtungen, wie dem Kinderhaus im Ort, gegeben."

Meiner Meinung nach war es mehr oder weniger ihr schlechtes Gewissen, was sie hatte, wenn sie mal mehr Geld mehr verdiente.

Mit so einer Einstellung zum Geld konnte man natürlich als Selbstständiger nicht dauerhaft erfolgreich sein. Das war völlig klar aber Sie hatte es, trotz jahrelangen Grübelns nicht erkannt. Dieser Glaubenssatz war zu fest in ihr verankert.

Ich führte dann folgendes Gespräch:

Was kann diese erfolgreiche Frau alles Gutes tun, wenn sie ihren Glaubenssatz in den richtigen umwandelt? Das sagte ich ihr auch.

Am Anfang war natürlich wieder die „Warum- Fragen":

Warum ist Reichtum schlecht? Antwort: „Weil Geld den Charakter verdirbt."

Warum verdirbt Geld den Charakter? Antwort: „Weil sich die Menschen damit über andere erhöhen können und denken, dass sie besser sind als andere."

Warum tun sie das? Antwort: „Weil sie sich mehr leisten können als andere."

Warum ist das schlecht? Antwort: „Weil alle Menschen das gleiche Recht haben gut zu leben."

Warum sollen alle gleich gut leben, wo sie doch unterschiedliche Voraussetzungen habe und einer mehr und der andere weniger leisten kann? Antwort: „Dafür kann ja der Einzelne nichts. Trotzdem ist es genau so wertvoll, wie einer der mehr leisten kann."

Danach führte ich das Lösungsgespräch weiter:

Wie kann das denn funktionieren? Antwort: „Wenn jeder der mehr leisten kann, etwas von sich den anderen gibt."

Damit das funktioniert, wäre es dann nicht auch richtig wenn die die mehr leisten können das auch tun, um andere zu unterstützen? Antwort: „JA genau."

Warum tun sie das denn nicht? Antwort: „Das habe ich doch immer getan!"

Haben sie das wirklich? Desto mehr Geld sie durch ihr Leistungsvermögen verdienen, umso besser können sie für andere, die solche hohen Leistungen nicht erbringen können, tun. Ist das richtig? Antwort: „Ja."

Sie haben ihre Leistungen unter dem Wert verkauft und konnten so nicht optimal Geld verdienen. Nur weil Sie eine negative Einstellung zum Geldverdienen haben. Damit hätten Sie aber viel mehr unterstützen können. Dadurch haben sie auch immer an der Grenze der Rentabilität gelebt. Kein Unternehmen läuft immer nur gut. Man braucht also Reserven. So aber sind Sie sogar öfter ganz ausgefallen, statt die hohe Leistung die Sie bringen können in die Gemeinschaft einzubringen. Ihr Ziel muss es aber sein, so viel Geld wie möglich mit ihren Leistungen zu verdienen, umso nützlicher sind sie auch dann für andere. Sehen sie das ein? Antwort: „Ja".

Sie haben auch persönlich immer nur am Rande der Lebenshaltungskosten gelebt. Nur weil sie Geld schlecht finden und sich schämen, wenn sie viel Geld besitzen, haben Sie es schnell ausgegeben. Aber nur wenn es ihnen persönlich auch finanziell gut geht und sie eine stabile Sicherheit aufgebaut haben, können sie optimal und dauerhaft auch was für andere tun. Ist das richtig? Antwort: „Ja."

Was hat sie nun zu diesen falschen Handlungen gebracht, die dann immer zu Tiefschlägen führten? Antwort: „Meine Abneigung zum Geld."

Genau. Holen sie sich also so viel Geld wie möglich, damit sie von ihrer Leistung aus dem Mehrwert den sie schaffen auch bekommen. Geld ist weder schlecht noch gut. Es kommt nur darauf an, wie man es verwendet. Erkenne sie das jetzt? Antwort: „Ja."

Wollen Sie jetzt so viel Geld wie möglich verdienen und selbst in einer stabilen guten finanziellen Situation leben, damit sie optimal für die Allgemeinheit wirken können? Antwort: „Ja das will ich."

Also gehen wir jetzt zum Loslassen des alten Glaubenssatzes. Wir gingen dann wider ins Loslassen: Ich liebe mich, ich segne mich, ich lasse den alten Glaubenssatz los. Danach formulierten wir einen neuen Glaubenssatz und machten ihn gleich zu einem Herzenswunsch, den wir ins universelle Bewusstsein schickten:

„Geld ist, werde gut noch schlecht. Er wird gut, wenn ich es richtig nutze. Ich möchte deshalb viel Geldverdienen und reich sein. So kann und will ich mich zu dem Ganzen und der Allgemeinheit optimal einbringen."

C. hat nach ihrer Insolvenz ein erfolgreiches Unternehmen aufgebaut und schon über dreißig Mitarbeiter. Hat also durch ihre Ideen und Kraft über 30 Arbeitsplätze geschaffen. Nebenbei baut sie gerade noch ein Haus mit sechs Sozialwohnungen. Sie unterstützt einige soziale Einrichtungen. Privat hat sie sich ein Haus gekauft, an einem Ort wo sie sich wohl fühlt und neue Kraft schöpfen kann. Auch finanziell hat sie sich abgesichert. Das ist bei einer erlebten Insolvenz besonders wichtig, da sonst Ängste bleiben, die ihr nur Energie rauben würden.

Ich habe nie daran gezweifelt, dass sie es schafft.

Für C. war es der richtige Herzenswunsch. Aber nicht jeder fühlt oder denkt so wie sie solidarisch. Das ist auch nicht notwendig, solange man nicht egoistisch denkt. Dazu kommen wir später im Kapitel „Die richtigen persönlichen Wünsche setzen."

Welche Glaubenssätze halten Sie von ihrer Wunscherfüllung ab und welche helfen Ihnen dabei?

Um ihnen eine Unterstützung zu geben möchte ich an dieser Stelle einige allgemeine Ansätze von Glaubenssätzen aufzählen. Sie können natürlich nur als Beispiele dienen und sind nicht vollständig. Dazu gibt es einfach zu viele und sie sind abhängig von jedem von Ihnen und dem was Sie erlebt haben. Ich nenne ihnen aber die häufigsten Ansätze, die zu hemmenden Glaubenssätzen führen. Die ihre Wunscherfüllung verzögern oder verhindern.

Der erste Glaubenssatz beginnt: Das schaffe ich ja doch nicht weil......

Ich bin nicht schlau genug und habe eine geringe Schulbildung, zu wenig Erfahrungen, habe alles schon versucht und es hat nicht geklappt, ich bin krank, ich kenne mich damit zu wenig aus, und so weiter, und so weiter.

Diesen Glaubenssatz: Das schaffe ich ja doch nicht, entsteht, wie die Meisten, schon in der Kindheit. Sie sitzt tief in uns und wird oft unbemerkt von uns angewandt. Manchmal aber auch nur, um seine Komfortzone nicht verlassen zu müssen. Also gehen Sie wieder an die Fragen warum schaffe ich das nicht und was kann ich ändern, damit ich es schaffe. Will ich es ändern. Wenn ich es ändern will, dann schaffe ich es auch.

Ändern Sie ihren Glaubenssatz:

„Ich kann alles schaffen, wenn ich wirklich will."

Wenn sie es nicht schaffen wollen dann gehört es auch nicht zu ihren Herzenswünschen. Also formulieren Sie ihre Herzenswünsche und „wollen" sie diese auch umsetzen. Zweifel Sie nicht daran, in dem Sie von vornherein sagen: „Das schaffe ich nicht."

Dazu ein Beispiel aus meinem Coaching

Zu mir kam eine junge Frau. Sie war schon 2 Jahre arbeitslos und 32 Jahre alt. Sie hatte einen Hund dabei. Zuhause hatte sie noch zwei Hunde zwei Katzen und noch allerhand Kleintiere. Sie liebt Tiere, erzählte Sie mir. Auch habe sie schon mal aushilfsweise über das Arbeitsamt in einem Zoo gearbeitet. Das hat ihr viel Spaß gemacht. Leider war da auf Dauer keinen Arbeitsplatz für sie frei. Nach einer längeren Unterhaltung sollte sie mir sagen, was ihr Herzenswunsch sei. Sie antwortete, am liebsten wäre ich Tierpflegerin oder Tierärztin aber das schaffe ich nie. Ich gab ihr den Impuls doch mal zu überlegen, ob sie Tierheilpraktikerin werden wolle. Auch da kam die Antwort, schon aber mit meinem Hauptschulabschluss schaffe ich das nicht. Nun eine Ausbildung als Tierheilpraktikerin verlangt keinen bestimmten Schulabschluss, ich sagte ihr, sie könne es im Fernstudium also von zuhause aus machen. Sie holte sich die Probe Lehrhefte und den Ausbildungsinhalt und es war für sie genau das, was sie wollte.

Nun ging ich mit ihr in die Wunscherfüllung, die keinen Zweifel mehr zuließ. Sie begann ihr Fernstudium. Nach zwei Jahren war sie fertig und musste zum Abschluss in ein

Praktikum zu einem Tierarzt, den sie sich selbst suchte. Den fand sie und machte das dreimonatige Praktikum bei ihm. Danach bekam sie das Angebot bei dem Tierarzt als Assistentin zu arbeiten. Was sie natürlich gerne tat. Seit fast zwei Jahren arbeitet sie nun dort und will sich jetzt, in Zusammenarbeit mit der Tierarzt Praxis, eine eigene Tierheilpraxis aufbauen.

Aus einem: „Das schaffe ich nicht." Ist ein „Ich schaffe alles, was ich wirklich will" geworden und konnte so die Wunscherfüllung erfolgreich realisieren. Sie hatte die Kraft ihr Studium abzuschließen und fand den richtigen Tierarzt, was sicherlich kein Zufall war.

Der zweite Glaubenssatz beginnt: „Bald wird alles besser und einfacher, wenn ….ich erst mal eine neue Wohnung gefunden habe, wenn ich meine Ausbildung abgeschlossen habe, wenn ich meine Fahrerlaubnis gemacht habe, wenn ich erst in Berlin wohne." Und so weiter, und so weiter.

Also irgendwann werde ich mal besser leben. Sein Leben oder seine Lage zu verbessern wird einfach auf einen späteren Zeitpunkt verschoben. Nach zwanzig Jahren schauen sie dann zurück und stellen fest das immer noch nicht besser geworden ist. Aber es wird nie etwas besser, wenn Sie nicht ihre Ideen und Wünsche mit ihrem Tun in die Realität umsetzen. Etwas Neues zu tun ist immer auch mit Veränderungen, mach mal sogar mit großen Veränderungen, verbunden. Sind sie frei für

Veränderungen? Das Verschieben auf einen späteren Zeitpunkt hält sie von ihrer Wunscherfüllung immer ab.

Dazu ein Beispiel aus meinem privaten Freundeskreis

Es ist im Freundeskreis immer ein Problem. Auf der einen Seite möchte ich dort kein Coach sein, sondern auch einfach mal jemanden haben bei dem ich mich anlehnen oder ausheulen kann und zum anderen gilt der Prophet im eigenen Haus sowieso nicht viel. Also hilfreiche Tipps sind weder von mir noch von Freunden gewollte. Obwohl ich natürlich auch dort ein guter Zuhörer sein kann.

Nun hatte ich einen Freund, der sehr aktiv war, um sich ein eigenes Geschäft auf zu bauen. Er hatte aber auch eine Freundin, die ihn immer davon abriet. Entweder sofort oder zu einem späteren Zeitpunkt, wenn es mal nicht gleich klappte. Dann kam: "Das habe ich dir ja gleich gesagt. Das klappt doch nicht." Alles was er machen wollte, da war sie die Zweiflerin in Person. Er hörte auf sie und fing dann kurze Zeit voller Begeisterung was Neues an. Wenn ich erstmal eines geschafft habe, dann kommt das andere ganz von allein, sagte er oft. Dabei bemerkt er lange Zeit nicht, dass das Erste schon nicht klappte. Er begriff aber nicht warum. Trotz seiner Bekenntnis mir gegen über, dass es mit seiner Freundin keine richtige Liebe ist, schob er meine vorsichtigen Bemerkungen, warum er nie Erfolg hat, uneinsichtig bei Seite.

Nun schrieb er mir, dass er sich mit seiner Freundin aus gesprochen hatte und sich trennen wollen. Aber da sie sich jetzt aus finanziellen Gründen noch nicht zwei Wohnungen leisten könnten, wohnen sie erst mal weiter zusammen. Allerdings hatte sich in den vier Jahren, in denen sie zusammen wohnen, ihre finanzielle Lage noch nie verbessert. Nun sind schon wieder zwei Jahre vergangen und sie wohnen immer noch zusammen. Ihre finanzielle Lage ist noch schlechter geworden und ihm gelingt weiterhin nichts. In diesem Fall hat er sich gleich mehrere Herzenswünsche verbaut. Eine glückliche Beziehung. Erfolgreich sein und in Wohlstand leben. Ein glückliches und erfülltes Leben, was er hätte haben können und noch haben kann, ist damit nicht möglich.

Wenn Sie erkennen, was Sie von Ihrer Herzenswunscherfüllung abhält, dann ändern Sie es. Sie können immer, zu jeder Zeit und sofort beginnen, es so schnell wie möglich abschließen und notwendige Änderungen herbeiführen. Sie müssen es nur wollen. Vielleicht auch dabei ihre Komfortzone verlassen.

Ändern Sie diesen Glaubenssatz:

„Es wird niemals von allein etwas besser. Nur ich kann mit meinem Tun etwas besser machen und selbst besser werden."

Veränderungen sind immer damit verbunden, dass sie altes verlassen oder hinter sich lassen. Nicht alles war da schlecht und sie habe es sich ja auch dort in gewisser Weise mehr oder weniger bequem gemacht. Das ist nicht immer so leicht etwas zu verlassen. Sie müssen auch sich ändern und besser werden. Der erste Schritt wäre, aufzuhören Ausreden zu finden, warum sie jetzt noch nichts ändern können, sondern endlich ins Tun kommen. Werden Sie danach besser, denn ihre alte unbefriedigte Situation hat Sie dabei sicherlich auch sehr eingeschränkt.

Fühlen Sie: Wie fühle ich mich, wenn ich das hinter mir lasse? Fühlen Sie sich befreit und glücklich, dann sollten Sie es jetzt tun. Die Gefühle zeigen ihnen immer den richtigen Weg.

Der dritte Glaubenssatz beginnt mit: Ich muss…

zur Arbeit gehen, auf ein Auto sparen, ins Kino gehen, und so weiter, und so weiter.

Auch das kenne Sie aus der Kindheit. Du musst deine Hausaufgaben machen. Du musst besser in der Schule werden. Du musst zum Sport gehen und vieles mehr. Sie haben in Ihrem Leben meist nur das beigebracht bekommen was sie tun müssen. Damit machen Sie sich immer zum Opfer ihrer Umstände. Fangen sie an umzudenken. Fragen Sie sich, muss ich das wirklich tun, was mir eigentlich nicht gefällt. Kann ich das ändern oder umwandeln in etwas, was mir gefällt.

Nicht immer ist das möglich. Es gibt Verpflichtungen, die einfach gemacht werden müssen, auch wenn man es nicht unbedingt gern tut. Aber Sie werden schnell erkennen, dass es auch Dinge gibt, die man einfach nur so macht, weil man denkt, „Ich muss." Es aber gar nicht so ist. Manchmal haben Sie sich einfach nur mit der Situation abgefunden, wie es ihnen schon seit Ihrer Kindheit eingegeben wurde. Das aber bedeutet Stillstand. Prinzipiell leben Sie nicht auf dieser Welt, um Dinge tun zu müssen, sondern um die Dinge zu tun, die ihnen gefallen und die sie glücklich machen. Damit wird es ihnen gelingen sich und das Ganze voranzubringen. Das ist die Quelle der Entwicklung und nicht, dass was sie ständig tun müssen und gar nicht gern tun.

Manchmal liegt es auch einfach an Ihrer Einstellung, zu dem, was Sie tun. Sie sagen: „Ich muss zur Arbeit gehen", gehen aber tatsächlich gern zur Arbeit. Sagen sie also: „Ich will zur Arbeit gehen." Damit ändern Sie die Gefühle und die Energien. Sie werden dann wahrscheinlich erfolgreicher sein. Falls Sie nicht gern auf Arbeit gehen, sollten Sie überlegen, ob Sie daran was ändern können. Zum Beispiel durch einen Wechsel. Alles was Sie mit, ich muss, in ein ich will, umwandeln können, tun Sie es. So fühlen Sie sich nicht mehr als Opfer, sondern als Macher. So ändern Sie ihr Leben und ihre Gefühle. Es führt Sie schneller zu ihrer Wunscherfüllung.

Ändern Sie also diesen Glaubenssatz in: „Ich will….."

Damit werden Sie Herr Ihres Lebens und richten ihr Denken und Fühlen allmählich immer häufiger darauf aus, was sie wirklich wollen.

Der vierte Glaubenssatz beginnt: „Ich habe keine Zeit weil

…..ich so viel zu tun habe, weil ich wichtige Dinge erledigen muss, weil ich mich um meine kranke Mutter kümmern muss, weil ich so viele Termine habe und so weiter, und so weiter.

Dieser Glaubenssatz hat sich besonders in jüngster Zeit stark entwickelt. In unserer heutigen Zeit ist es fast schon zur Kultur geworden, immer zu bekunden, wie wenig Zeit man hat oder das man keine Zeit hat. Wir leben in einer „Keine Zeit Gesellschaft". Dieser Glaubenssatz entwickelt sich schon in der Kindheit. Wenn sie als Kind erleben, dass Ihre Eltern kaum Zeit für Sie haben, weil sie immer was anderes Wichtigeres zu tun haben, prägt sich dieser Glaubenssatz auch bei Ihnen ein.

Keine Zeit zu haben wird allmählich zum Lebensstil. Stellen Sie sich vor, Sie wollen von irgendjemanden einen Termin oder jemand will einen Termin von ihnen.

Es ist doch in der Regel zum Ritual geworden, erst einmal die Schwierigkeit, einen Termin überhaupt zu vereinbaren, eindringlich zu verdeutlichen. Meist bekommen oder geben sie dann den Termin mit dem Nachsatz: „Wenn was dazwischen kommt, dann habe ich ja ihre Telefonnummer und kann sie anrufen".

Keine Zeit zu haben ist „HIP". Wer keine Zeit hat, ist wichtig und jemand der Zeit hat, verbreitet den Eindruck er sei nicht ausgelastet oder faul. Also setzen sich immer mehr Menschen permanent selbst unter Zeitdruck, denn sie wollen ja eine wichtige Rolle spielen.

Aber nutzen Sie dadurch auch die Zeit richtig? Wohl kaum! Oft verlieren Sie dabei den Blick für das Wesentliche. Das entwickelt sich zu einem festen Glaubenssatz und wird häufig schon unbemerkt umgesetzt. Damit nehmen Sie sich oft selbst die Möglichkeit die notwendigen herbeigeführten Kooperationen, die Ihnen bei der Wunscherfüllung helfen, zu erkenne und anzunehmen.

Dabei geht es nicht um wichtige Termine die eingehalten werden müssen. Aber auch da überprüfen Sie mal, ob Sie sich die Termine vielleicht selbst gesetzt haben und ob das nicht auch anders geht. Planen Sie also Ihre Termine richtig oder setzen Sie sich nicht unbewusst selbst unter Zeitdruck, ohne dass es notwendig ist. Das passiert bei meinen Klienten immer häufiger. Erkennen sie, was sie wirklich erreichen wollen und fokussieren Sie sich dann auf das Wesentliche.

Das Wesentliche lebt von Tiefgang und Langsamkeit. Durch Hektik, multifunktionaler Geschäftigkeit und Unverzichtbarkeit wird oft der Blick dafür versperrt. Es geht heute einmal mehr darum, das Wesentliche nicht aus den Augen zu verlieren und konsequent an die Erfüllung Ihrer Herzenswünsche zu arbeiten.

In meinem Buch „Selbsthilfe bei ADHS für Jugendliche und Erwachsene" stelle ich eine Zeitenplanung vor

Ändern Sie also diesen Glaubenssatz in: „Ich bestimme selber über meine Zeit und habe für mein Glück und die Erfüllung meiner Wünsche immer genug davon."

So nutzen sie die Zeit, die ihnen in diesem Leben geschenkt wird, für die Umsetzung ihrer Wünsche. Lässt Ihre Seele optimal wachsen und stärkt damit das ganze universelle Bewusstsein. Genau das macht den Sinn des Lebens aus. Erkennen Sie das und verinnerlichen sie es.

Zusammenfassung

1. Um die Welt interpretieren und handeln zu können brauchen wir Glaubenssätze. Dabei gibt es Glaubenssätze, die uns helfen, unsere Wünsche zu erfüllen und welche die uns daran hindern.

2. Glaubenssätze werden meistens schon in der Kindheit geprägt und bestimmen dann, oft ohne dass uns das noch bewusst ist, unser ganzes Denken und Handeln.

3. Durch Glaubenssätze interpretieren wir die Welt subjektiv. Jeder hat seine eigenen Glaubenssätze und sieht deshalb die Welt mit seinen Augen. Jeder ist von der Richtigkeit seiner Interpretation prinzipiell überzeugt.

4. Diskutieren sich nicht mit anderen, wenn er ihrer Meinung nach einen falschen Glaubenssatz hat. Das ist vergeudete Energie und trifft nur auf Gegenwehr. Damit verstärkt sich dieser Glaubenssatz bei dem anderen nur noch. Jeder muss selbst bereit sein, seine Glaubenssätze in Frage zu stellen und zu der Erkenntnis kommen, daran etwas ändern zu wollen.

5. Es gibt hilfreiche und hinderliche Glaubenssätze zur Erfüllung unserer Herzenswünsche. Sie sind in unserem Tiefenbewusstsein manifestiert. Hinderliche Glaubenssätze zu erkennen ist deshalb nicht leicht, aber es ist notwendig und möglich, um uns unsere Wünsche zu erfüllen.

6. Alle Glaubenssätze, die uns bei unserer Selbstverwirklichung hinderlich sind und unsere

Selbstbestimmung einschränken, sind falsch. Das können Sie analysieren und erkennen.

7. Glaubenssätze können geändert werden, wenn man sie als hinderlich oder falsch erkennt. Man kann sie in förderliche Glaubenssätze umwandelt. Wichtig sind die Überzeugung und das Gefühl, dass er richtig ist.

8. Förderliche Glaubenssätze schaffen mehr Raum für notwendige Kooperationen, die uns unserer Wunscherfüllung ermöglichen.

9. Förderliche Glaubenssätze führen uns zur Selbstbestimmung und damit zur Selbstverwirklichung.

5. Ganzheitliches Erkennen

Es ist enorm nützlich, um so gut und so schnell wie möglich ihre Wünsche real werden zu lassen, wenn sie ganzheitlich an ihre Wunscherfüllung gehen.

Wir haben einen Körper, in oder mit dem wir leben. Wir denken und sind uns dem bewusst. Wir haben Gefühle, die wie erklärt, aus unserer Seele kommen. Wir haben ein Tiefenbewusstsein, welches unsere Gedanken und Gefühle unbewusst beeinflusst und wir sind Teil eines universellen Bewusstseins. Alle fünf sind unmittelbar mit einander verbunden und beeinflussen uns und wir sie. Sie bilden ein Ganzes.

Denken

Der Gedanke wird zwar von unserem unvollkommenen Verstand beeinflusst, existiert aber unabhängig von ihm. Jede Handlung, alles was wir tun, entspringt aus einem Gedanken, den wir vorher gedacht haben. Alles was wir denken, kann auch real werden. Oder umgekehrt, dass was ich nicht denke, wird auch nicht real werden. Mit Ihrem Denken setze Sie sich gezielt in Bewegung und bewirken Veränderungen. Oder Sie denke nur handele aber nicht.

Oft hört man den Ausspruch, du handelst mach mal, bevor du denkst. Was natürlich nicht richtig ist. Gemeint damit ist, du denkst nicht nach, bevor du handelst. Das heißt, der

Gedanke ist vorher da, Es wird aber in diesem Fall nicht nachgefragt, ob er richtig oder falsch ist. Manchmal ist es auch lebensnotwendig nicht erst nachzudenken, zum Beispiel in Gefahrensituationen.

Wir können also Gedanken nachfragen oder in Frage stellen. Damit können wir unsere Gedanken bewusst beeinflussen, bevor wir handeln. Wir selbst haben es in der Hand, was wir tun. Es ist unser freier Wille, wie wir über eine Situation denken und ob wir oder was wir danach tun. Obwohl Gefühle, Vorurteile, Zweifel, Glaubenssätze unser Denken unbewusst beeinflussen, haben wir dennoch den freien Willen unsere Gedanken zu hinterfragen, um die beste Entscheidung zum Handel zu treffen. Die Gedanken sind der Urstoff unseres freien Willens. Aus unserem Denken heraus, können wir beginnen hinderliche Gefühle, Zweifel, Vorurteile und Glaubenssätze zu verändern. Damit verändern wir sogar unser Gehirn und schaffen neue neurale Verbindungen, die uns das richtige Denken, im Sinne der Wunscherfüllung, besser ermöglichen. Je mehr positive Gefühle und Glaubenssätze wir haben und so weniger Zweifel und negative Vorurteile, umso besser können wir denken. Alles ist unmittelbar mit einander verbunden. Nur so können wir also auch unsere Wunscherfüllung erfolgreich in Gang setzen. Das ist die Grundlage, die uns mit unserem freien Willen zum Schöpfer macht.

Ein Beispiel zur Wunscherfüllung:

Denke ich: „Ich kann sowieso nichts ändern weil ich krank, schwach usw. bin oder weil die Welt einfach schlecht ist", dann werde ich auch nichts anderes denken. Was ich aber nicht denke, lässt mich nicht handeln. Ich werde so nie etwas positiv in meinem Leben verändern,

Denke ich: „Ich kann alles erreichen, was ich will." Dann werden sich meine Gedanken und alle anderen vier, also die Gefühle, der Körper (inklusive Gehirn), das Tiefenbewusstsein und das universelle Bewusstsein danach fokussieren und ich kann mein Leben glücklich und erfüllt gestalten.

Körper

Aus unserem Denken heraus Handlungen umzusetzen, dadurch Dinge zu verändern und zu entwickeln, können wir aber nur durch unseren Körper bzw. unsere materielle Körperlichkeit. Unser Körper setzt das um, was wir denken und nur so kann die Welt verändert werden. Das ist der Sinn der materiellen Welt und des Lebens in ihr. Ohne den Körper können weder Gedanke, Gefühle, das Tiefenbewusstsein ja sogar das universelle Bewusstsein irgendetwas verändern oder entwickeln. Die materielle Körperlichkeit und das Bewusstsein bedingen sich gegenseitig. Gedanken, Gefühle und Bewusstsein brauchen den Körper, um überhaupt wirken zu können, also da zu sein. Nur durch die materielle Welt, einschließlich unserer Körperlichkeit, können Gedanken und Gefühle ausgelebt werden und so zum Wachstum des universellen Bewusstseins beitragen.

Der Körper an sich ist allein eine leere Hülle und wird mit Denken, Gefühlen, mit dem Wirken unseres Tiefenbewusstseins und den Impulsen aus dem universellen Bewusstsein gefüllt. Es ist logisch, dass sich alle gegenseitig beeinflussen, um schöpferische Kraft umsetzen zu können.

Ein gesunder starker Körper kann optimal schöpferische Konzepte umsetzen und mit einer starken Seele kann der Körper besser funktionieren. Beides bedingt sich gegen seitig und wirkt untereinander. Unser Denken kontrolliert es dann und lässt uns gezielt handeln.

Zwei Beispiele dazu:

Beispiel Eins

Nach unzähligen nachgewiesenen Spontanheilungen ist heute jedem Arzt bewusst, dass der Wille gesund zu werden eine große Rolle im Heilungsprozess spielt.

Wie kommt es nun zu so einer Spontanheilung?

Als Erstes steht der Gedanke: „Ich will gesund werden." Danach werden die Gefühle aktiviert. Je stärker sie sind, umso größer ist die Wirkung. Dadurch wird das Tiefenbewusstsein fokussiert, um alle Möglichkeiten die in ihm sind auszuschöpfen. Zum Schluss wird dann das universelle Bewusstsein auf Heilung eingestellt und schafft die notwendigen Kooperationen dafür. Wie die Schaffung der besten äußeren Bedingungen, die ja immer durch Kooperation mit andern Menschen stattfindet, der Kontakt mit den richtigen Menschen, die mich bei meiner Wunscherfüllung durch Gedanken und Gefühle unterstützen, der Kontakt zum Arzt u.ä.

So kann es dann zur Spontanheilung kommen und der Körper kann im Sinne der anderen Vier, weiter Schöpferisches umsetzen.

Beispiel Zwei

Sämtliche seelische Ereignisse, die sich in das Gedächtnis des Tiefenbewusstseins unbewältigt eingenistet haben, wirken sich auch auf unseren Körper aus. Sie können energetische Blockaden in unserem Körper aufbauen und auch zu verschiedenen körperlichen Beschwerden führen.

Alle seelischen traumatischen Ereignisse und Gefühle, die zum Beispiel Ängste, Selbstbewusstseinsstörungen u.v.m. manifestieren sich auch körperlich. Es entstehen psychosomatische Störungen, von denen immer mehr Menschen betroffen sind. Die werden aber nicht gleich immer erkannt.

Werden sie erkannt, dann lassen sie sich beheben. Vorausgesetz der Körper ist durch anfängliche Fehldiagnosen und den dadurch verabreichten Medikamenten mit ihren Nebenwirkungen, nicht schon anderweitig geschädigt wurden.

Wie kann das behoben werden?

Zum einem müssen die Ursachen behoben werden. Oft handelt es sich um seelische Probleme, die im Tiefenbewusstsein verankert sind. In diesem Fall ist die Hypnose nach meinen Erfahrungen die erste Wahl. Sie löst nämlich genau dort auf, wo sich die Ursachen auch befinden. In meinem Coaching, wo ich auch die Hypnose anwende, hat sich das schon hundertfach bewährt.

Zum anderen müssen die energetischen Blockaden, die sich im Laufe der Zeit im Körper manifestiert haben, aufgelöst werden. Speziell dafür habe ich vor 20 Jahren die bioenergetische Massage entwickelt. Ich hatte nämlich festgestellt, dass die Auflösungen der seelischen Ursachen nicht nachhaltig wirken, wenn nicht gleichzeitig die körperlich Blocken aufgelöst werden.

Zu dieser Bioenergetischen Massage habe ich ein Video gedreht. Das ist über meine Mail Adresse drlutzknoche@aol.com käuflich zu erwerben. Danach können alle, ob professionell oder einfach nur für sich und ihren Lieben, diese spezielle Massage anwenden. Da jeder immer mal neue energetische Blockaden aufbaut, die nicht immer gleich psychosomatische Störungen hervorrufen müssen, ist diese Massage auch für den Wunscherfüllungsprozess prinzipiell sehr gut anzuwenden.

Gefühle

Über Gefühle ist in diesem Buch schon sehr viel geschrieben wurden. Gefühle wirken sehr stark auf alle anderen vier Aspekte der Ganzheitlichkeit. Sie können seelische Probleme hervorrufen oder auch lösen. Sie wirken sich auf unseren Körper und deren Ausstrahlung aus.

Die Gefühle sind die universelle Sprache zwischen allen Ebenen, dem Denken, dem Körper, dem Tiefenbewusstsein und dem universellen Bewusstsein. Würde diese Sprache nicht existieren, dann gebe es zwischen ihnen keine Zusammenarbeit. Also keine schöpferischen Ergebnisse. Ist diese Sprache gestört oder wird nicht richtig verstanden, dann kommt es zu großen Problemen. Da Gefühle eine Sprache sind, können die anderen Ebenen keinen direkten Einfluss auf sie nehmen. Sie können sie nur verstehen und danach handeln oder nicht.

Gefühle werden besonders durch unser Denken oft bewertet und uminterpretiert. Oft sind dafür Vorurteile und Glaubenssätze verantwortlich. Das führt dann zu Missverständnissen und falschen Beurteilungen. Die Folge davon ist, falsche Handlungen, falsche Informationen an das universelle Bewusstsein, körperliche Blockaden. In schweren Fällen negative Manifestationen im Tiefenbewusstsein und seelischen Krankheiten. Es ist deshalb sehr wichtig, dass Sie lernen Ihre Gefühle zu verstehen und zu vertrauen. Wenn Sie das beherrschen, dann sind sie frei für die Erfüllung Ihrer Herzenswünsche, für ein glückliches und erfülltes Leben. Lerne Sie, diese Sprache zu verstehen und sie werden mit allen Ebenen kommunizieren und viel schneller zu Ihrer Wunscherfüllung kommen.

Wie kann ich nun diese Sprache besser verstehen?

Eine Methode, die ich in meinem Coaching erfolgreich anwende, ist die Spiegelmethode:

Stellen Sie sich vor einen Spiegel und schauen sich tief in die Augen, bis in Ihre Seele. Die Augen sind der Spiegel der Seele. Denken Sie dabei an die Situation, die sie lösen wollen, Hören Sie auf Ihre innere Stimme (Gefühle). In diesem Augenblick wird Ihnen Ihre Seele die richtige Antwort geben. Halten Sie diese Antwort fest. Bewerten Sie diese nicht. Falls sie mit ihren Gedanken dieses Gefühl doch bewerten und deshalb umändern wollen, Fragen sie sich, warum? Sie stoßen dann auf ihre falschen Glaubenssätze und Vorurteile. Das ist der erste Schritt, um daran etwas zu ändern. Das erste Gefühl war das Richtige. Sie können Gefühle nicht verändern. Sie können sie nur bewerten und subjektiv für gut oder weniger gut oder schlecht halten. Sie können auf Gefühle einfach nicht hören und sich taub stellen. Sie können Sie verdrängen, aber Sie können sie nicht ändern. Sie sind immer noch da.

Üben Sie diese Methode immer wieder, bis Sie sie beherrschen. Die Gefühle kommen aus unserer Seele und dem universellen Bewusstsein. Es gibt keine größere Wahrheit und keine höhere Intelligenz als diese. Mit der Zeit werden Sie immer häufiger, auch ohne Spiegel, die Sprache Ihrer Gefühle verstehen.

Tiefenbewusstsein

Wie schon in diesem Buch erklärt ist Ihr Tiefenbewusstsein eine mächtige Kraft, die ihr Denken und Fühlen aber auch ihren Körper beeinflusst. Es wirkt oft unerkannt in unserem Bewusstsein. Das Tiefenbewusstsein ist weitaus mehr als nur der Speicher aller Erlebnisse und Gefühle die wir in unserm Leben gehabt haben und dort abgespeicherten sind, weil wir sie nicht mehr brauchten oder haben wollten. Tatsächlich ist das aber wahrscheinlich nur ein kleiner Teil davon, was unser Tiefenbewusstsein leisten kann.

Unser Tiefenbewusstsein kann noch vielmehr Informationen sammeln, die nicht von uns gespeichert worden. Es kann über ihre eigene Daseinsebene hinaus Informationen bekommen und Wünsche aussenden. Wünsche die vom universellen Bewusstsein gehört werden und die Realität werden können.

Das klinkt für die Meisten, fasst zu phantastisch, ist aber völlig verständlich und normal, wenn sie die Ganzheitlichkeit erfassen. Aber das müssen sie nicht unbedingt, um erfolgreich zu wünschen. In diesem Buch erfahren sie die Technik und die Bedingungen dazu, damit sie erfolgreich in ihre Wunscherfüllung gehen können. Es kann ihnen aber helfen ihre Wünsche schneller wahr werden zu lassen, wenn Sie die Ganzheitlichkeit verstehen.

Wer also darüber noch mehr wissen möchte, dem empfehle ich, das noch heute unumstrittene Meisterwerk von Joseph Murphy „Die Macht ihres Unterbewusstseins". Hier erfahren Sie alles über die großartigen Mechanismen und

Möglichkeiten Ihres Unterbewusstseins. In meinem Buch möchte ich nicht weiter darauf eingehen. Es wäre nur eine Wiederholung, anders formuliert. Viele Bücher sind zu diesem Thema danach auch schon geschrieben worden. Ich aber möchte ihnen lieber gezielt, aufgrund meiner langjährigen praktischen Erfahrungen, zeigen, wie Sie Ihre Herzenswünsche in die Realität bringen und was sie dabei unbedingt beachten müssen. Das Tiefenbewusstsein ist dabei der Schlüssel für den Kontakt zu einer höheren Dimension unserer Existenz.

Wie kann ich mein Tiefenbewusstsein nutzen für meine Wunscherfüllung?

Über Ihrem Tiefenbewusstsein liegt, wie eine Glocke, Ihr rationales Bewusstsein, an dem Ihr Denken gebunden ist. Um in das Tiefenbewusstsein zu gelangen müssen sie das rationelle Denken umgehen. Dazu gibt es viele Methoden wie Meditation, Yoga, Affirmation und vieles mehr. Nach meinen persönlichen Erfahrungen und den Erfahrungen mit Klienten, ist die Hypnose die wirkungsvollste Methode.

Bei Affirmationen werden bewusst Aussagen, die aber noch nicht eingetroffen sind immer wieder gesagt, wie: Ich bin reich. Ich habe eine glückliche Beziehung usw. Das muss mit voller Überzeugung rüber kommen, womit viele Probleme haben. Aber nur so werden Gefühle hervorgerufen, die das universelle Bewusstsein erreichen. Die anderen Methoden, bis auf die dynamische Meditation, sind auf Entspannung und Ruhe ausgerichtet.

In der Hypnose können Gefühle wesentlich kraftvoller direkt zum universellen Bewusstsein geleitet werden und sind durch zielgerichtete Aktionen im Tiefenbewusstsein Ergebnis orientiert. So kann ich ganz konkrete Probleme auf vielfältige Art und Weise lösen, Blockaden abbauen und mit meinen konkreten Wünschen besser eine höhere Bewusstseinsebene erreichen. Wenn sie die Selbsthypnose erst einmal richtig erlernt haben, ist sie auch einfach anzuwenden und benötigt wenig Zeit. Sie bekommen dazu eine ausführliche Anleitung.

Universelles Bewusstsein

Das universelle Bewusstsein ist unabhängig von Ihrer materiellen Existenz aber mit Ihnen verbunden. In der materiellen Existenz liegt der Schlüssel zur schöpferischen Entwicklung des universellen Bewusstseins, durch ihren Körper, ihrem Denken und Fühlen. Deshalb werden Sie von ihm unterstützt, damit sie diese dynamische Entwicklung optimal voranbringen können. Das ist logisch.

Dabei sind folgende Dinge zu berücksichtigen:

1. Obwohl die materielle Existenz für eine Weiterentwicklung notwendig ist, schränkt sie auf der anderen Seite unser Bewusstsein und Denken ein. Da sie sich eben nur auf die materielle Seite der Existenz beschränkt. Um die materielle Welt ganz zu verstehen, müssten wir uns außerhalb von ihr befinden und das wäre für eine Entwicklung widersinnig. Dadurch gibt es in ihr

aber auch kein absolutes Wissen, sondern immer nur eine Weiterentwicklung in unserer eingeschränkten Welt.

2. Das universelle Bewusstsein unterstützt diesen Prozess der Entwicklung in der materiellen Welt, mit Informationen und Schaffung von richtigen Kooperationsangeboten, weil es sich, wie schon erklärt, nur durch die materielle Welt auch selbst weiter entwickeln kann. Es entsteht also eine Wechselbeziehung. Diese Beziehung muss richtig erkannt und genutzt werden. Wir können mit unser Denken und Fühlen diese Wechselbeziehung aufbauen. Am besten funktioniert das über unser Tiefenbewusstsein.

Fassen wir zum Schluss noch einmal zusammen wie Sie die Ganzheitlichkeit nutzen können, um schneller zu Ihrer Wunscherfüllung zu kommen.

Um diese Ganzheitlichkeit besser zu nutzen, müssen Sie:

1. Ihren Körper stärken und gesunderhalten.
2. Ihr Denken verbessern in dem Sie Fehler, beruhend auf Vorurteilen und Glaubenssätzen, eliminieren.
3. Die Sprache der Gefühle verstehen und annehmen,
4. In Ihrem Tiefenbewusstsein störende Blockaden abbauen und lernen wie es zur Kommunikationsquelle mit dem universellen Bewusstsein wird.
5. Körper, Denken, Gefühle, Tiefenbewusstsein und universelles Bewusstsein sind unmittelbar mit einander verbunden und bilden ein Ganzes. Denken und fühlen Sie sich als ein Teil von diesem Ganzen.

6. Entfaltung der schöpferischen Kraft zur Wunscherfüllung

Es gab in den letzten zwanzig Jahren viele Untersuchungen und Experimente die zeigen wie Gedanken und Gefühle unsere materielle Welt verändern können und wie Informationen und Kooperationen über eine höhere Bewusstseinsebene, auf unser materielles Leben wirken. Davon habe ich schon geschrieben. Es handelt sich nach den derzeitigen Erkenntnissen nicht mehr um eine reine Theorie des Glaubens und der Logik, sondern ist Realität, auch wenn einige noch daran zweifeln. Im Verlauf meiner Ausführungen werde ich zur Untermauerung weitere Fallbeispiele dazu aufführen.

Es geht jetzt darum: Wie können Sie diese Erkenntnisse nutzen? Welche Möglichkeiten und Methoden gibt es um zielgerichtet seine Wünsche mit Hilfe des universellen Bewusstseins zu erfüllen? Bisher haben ich Ihnen ausführliche Informationen gegeben welche Voraussetzungen sie schaffen müssen und was Sie bisher daran gehindert hat. Ich habe ihnen Methoden aufgezeigt wie Sie diese Hindernisse aus dem Weg räumen können. Sie können jetzt in ihre Wunscherfüllung gehen.

6.1 Ziehen Sie Bilanz

Gehen sie wie folgt vor:

Schreiben Sie in Stichworten ihre derzeitige Situation auf. Schreiben Sie nur alles auf, was Sie an Positiven schon haben. Nur Positives, lassen Sie alles Negative weg. Beschreiben Sie kurz alles Positive in ihrer Ist- Situation. Fühlen Sie Freude und Dankbarkeit für das, was Sie schon haben. Formulieren sie es auch so. Schreiben Sie auf keinem Fall, womit Sie unzufrieden sind oder woran es ihnen mangelt. Und schon gar nicht, machen Sie niemand Vorwürfe für die negativen Aspekte in ihrem jetzigen Leben.

Sie erhalten so positive Gefühle. Die brauchen sie um ihre Herzenswünsche zu finden und richtig zu formulieren.

Einige Beispiele:

1. Ich habe eine Familie, die ich liebe. Mein Mann und ich haben einen Job, mit der wir uns und unsere zwei Kinder gut versorgen können. Wir lieben uns und die Kinder fühlen sich bei uns geborgen. Ich habe gute Freunde, mit denen ich lachen kann und die mir helfen in der Not. Für all das bin ich sehr dankbar.

Schreiben sie hier nicht auf, dass sie die Raten ihres Kredites nicht mehr bezahlen können oder viel zu wenig Zeit für ihre Kinder haben. Alles das und noch viel mehr können sie sich im nächsten Schritt einfach wünschen und durch die Hypnose Lösungen finden.

2. Ich bin zurzeit Hartz IV Empfänger und bekomme meine Miete für die Wohnung und habe genug zum Leben. Jetzt habe ich die Zeit in Ruhe etwas anderes zu suchen, etwas Besseres als je zu vor und was mir Freude macht. Die Karten werden neu gemischt. Egal, in welcher Situation ich mich auch gerade befinde, alles ist möglich, wenn ich es will.

Ihre ganzen Enttäuschungen und Erniedrigungen, die sie als Hartz IV Empfänger vielleicht schon erlebt haben, ihre ganze Bitterkeit, sind zwar verständlich aber lassen Sie die bitte weg. Das bringt Sie kein bisschen weiter. Im nächsten Schritt wünschen und planen Sie dann einfach ihren beruflichen und privaten Erfolg.

3. Ich habe einen gutbezahlten Job. Habe eine schöne Wohnung und ein tolles Auto. Ich reise gern und war schon auf allen Kontinenten dieser Erde. Ich kann mein Leben genießen und bin dankbar dafür.

Schreiben Sie nicht, dass sie kurz vor einem Burnout stehen, weil ihnen der Job zu schaffen macht und das Sie sich allein fühlen, weil ihnen die Frauen oder Männer immer wieder weglaufen. Alle Wünsche um wirklich glücklich zu werden schreiben Sie dann im nächsten Schritt auf.

Und so kann man diese Beispiele weiter fortsetzen, aber ich denke, das Prinzip ist verstanden. Alles kurz aufschreiben was sie schon haben und womit sie zufrieden und glücklich sind und alles andere weglassen. Formulieren Sie danach Ihre Herzenswünsche.

6.2 Die richtigen persönlichen Wünsche setzen

Alles im Universum ist auf Entwicklung und Wachstum ausgerichtet. So auch das universelle Bewusstsein. Richten Sie also ihre Wünsche danach aus.

Es bringt nichts, wenn Sie sich Dinge wünschen die sich nur auf ihren persönlichen Vorteil beziehen und dabei andere Nachteile bringen können. Manchmal ohne das es Ihnen bewusst ist. So entsteht kein Wachstum, sondern nur im besten Fall eine Verschiebung zu ihren Gunsten. Solche Wünsche werden nicht in Erfüllung gehen.

Hier einige kurze Regeln zur Erläuterung. Im Abschnitt „Selbsthypnoseübungen" gehe ich dann noch ausführlicher darauf ein.

Regel Eins:

Wünschen sie sich nicht einen konkreten Partner, in dem Sie gerade verliebt sind oder ihre(n) Ex zurück. Sie wissen nicht, ob das gut für den anderen ist oder ob Sie damit wirklich eine dauerhafte glückliche Beziehung aufbauen können. Auch wenn Sie im Augenblick davon überzeugt sind. Wünschen Sie sich stattdessen eine glückliche Beziehung. Das ist doch eigentlich das, was Sie wollen. Ist es der/die, die Sie auserkoren haben oder Ihr Ex, dann wird es passieren. Es kann aber auch ein(e) oder andere(r) sein, die/den sie erst noch kennenlernen.

Regel Zwei

Wünschen Sie sich nicht vor einem Bewerbungsgespräch, dass Sie diese Ausbildung oder diesen Job bekommen. Vielleicht gibt es ja einen gleichwertigen oder besseren Bewerbungskandidaten für diese Ausbildung oder diesen Job, der genau so viel oder mehr zum Wachstum beitragen kann. Dieser Wunsch kann so nicht in Erfüllung gehen. Wünschen Sie sich einfach eine Ausbildung oder einen Job, der Sie erfüllt und weiterbringt. Das kann auch ruhig etwas Konkretes sein. Vielleicht klappt es ja dann auch mit diesem Bewerbungsgespräch und wenn nicht dann wartet etwas Besseres auf sie. Was Ihren Wunsch mehr entspricht und Sie auf Dauer weiter bringt. Zweifeln Sie nicht daran.

Regel Drei

Wünschen Sie sich nicht im Streit oder Wettstreit, dass Sie gewinnen. Das richtet sich ja direkt gegen andere, die dann verlieren. Wünschen Sie sich im Streit einfach Gerechtigkeit und im Wettstreit die höchste geistige oder körperliche Energie, die sie über sich hinaus wachsen lässt.

Das universelle Bewusstsein erfüllt ihnen ihre Wünsche nur, wenn sie mit Kooperationen verbunden sind und für alle, die dabei einbezogen werden, Wachstum entsteht.

Wünschen Sie sich keinen Lottogewinn. Dafür brauchen Sie keine Kooperationen, die Ihnen das universelle Bewusstsein geben könnte. Es trägt deshalb auch nicht zum Wachstum bei. Auch nicht für Sie.

Wünschen Sie sich eine glückliche Beziehung, dann kommt auch der richtige Partner, der ebenfalls mit Ihnen glücklich ist. Beide wachsen dadurch.

Wünschen Sie sich Wohlstand und Reichtum und stellen sie sich vor wie sie im Luxus schweben, dann wird der Wunsch nicht in Erfüllung gehen. Wünschen Sie sich aber Wohlstand und Reichtum um es für Ihre Sicherheit und für die ganze Entwicklung einzusetzen, lassen Sie es fließen und bringen damit andere Menschen zur Weiterentwicklung oder helfen sie notleidende Menschen damit, dann geht dieser Wunsch in Erfüllung. Fühlen Sie es, wie gut sich dadurch Wohlstand und Reichtum anfühlt. Sie können sich so auch konkrete Dinge wünschen, wie ein bestimmtes Auto oder ein Haus usw. Dadurch lassen Sie Geld fließen und beziehen auch noch mit der Nutzung dieser Dinge in der Regel andere Menschen positiv mit ein. Sehen sie es so und fühlen Sie es.

Einige glauben, wenn sie immer nur geben, dann fällt es irgendwann auf Sie zurück. Meistens klappt das aber nicht. Es findet einfach keine Kooperation statt, wenn sie selbst Ihre Wünsche nicht aussenden und damit nicht direkt am Schöpfungsprozess teilnehmen. Es gibt keine Entwicklung. Das universelle Bewusstsein werte Ihre Handlungen nicht und belohnt sie deshalb auch nicht. Erst wenn sie Ihre eigenen Wünsche aussenden, sucht es nach Kooperationen, die allen nützt. Dadurch geben sie dem Ganzen viel mehr und tragen zur Entwicklung bei.

Formulieren Sie Ihre Wünsche klar und unmissverständlich. Also formulieren was Sie sich wünschen und nicht was sie sich nicht wünschen.

Lassen Sie alle Formulierungen wie, es wäre schön wenn….Ich möchte nicht…. Ich wäre glücklich wenn…. Ich möchte gern…. Und so weiter. Sagen Sie ganz klar, was sie wollen. Wollen sie Wohlstand und Reichtum dann sagen Sie das auch und stellen Sie sich das konkret bildlich vor. Fühlen Sie es. Bitte nicht vergessen, es mit dem gesamten Ziel der Weiterentwicklung zu visualisieren (wie oben beschrieben). Haben Sie den Wunsch nach einem Partner, dann sagen Sie es auch klar und deutlich. Visualisieren sie diese Beziehung, ohne sich einen konkreten Partner vorzustellen, der ihnen bekannt ist. Aber sehen sie diese Partnerschaft vor ihren Augen und fühlen sie, wie glücklich Sie dabei sind. Ich denke, das Prinzip ist verstanden. Bei der Selbsthypnose Übung gibt es noch mehr dazu

Schreiben Sie Ihre Wünsche auf. Das ist Wichtig. Es ist bekannt, dass alles was sie schreiben auch fester in ihrem Gedächtnis gespeichert wird und damit auch besser in Ihr Tiefenbewusstsein gelange kann. Dadurch können sie ihre Wünsche auch noch einmal nachlesen und eventuell noch in der Formulierung verbessen. Falls Sie sie verbessert haben, schreiben Sie die in der endgültigen Formulierung noch einmal neu. Lesen Sie sich Ihre Wünsche öfter mal durch und fühlen Sie, wie gut es sich anfühlt, wenn sie in Erfüllung gegangen sind. Sind sie dankbar dafür.

Es kann nur ein Wunsch sein oder mehrere. In der Regel nicht mehr als drei oder vier, sonst können Sie sich im

Wunscherfüllungsprozess womöglich nicht mehr stark genug auf jeden einzelnen Wunsch konzentrieren. Formulieren Sie Ihre Wünsche kurz und knapp, ein bis zwei nicht zu lange Sätze ohne Komma.

Wir wissen, dass die Gefühle die universelle Sprache sind. Transportieren Sie die Gefühle mit ihren Wünschen zusammen ins universelle Bewusstsein. Desto ehrlicher und stärker die Gefühle, umso schneller geht der Wunsch in Erfüllung.

Regel Eins

Hinterlegen sie alle Wünsche mit starken Gefühlen. Gefühle, die Sie haben, wenn der Wunsch in Erfüllung gegangen ist.

Regel Zwei

Verwenden Sie nur positive Gefühle wie Liebe, Freude, Vertrauen. Dankbarkeit sollte in jedem Wunsch zum Abschluss dabei sein.

Regel Drei

Hören sie auf ihre Gefühle. Sie kommt oft als Antwort, als Hinweis für gute Kooperationen auf ihren Wunsch aus dem universellen Bewusstsein zurück. Werten Sie deshalb Gefühle nicht mit Ihrem Verstand, dann verstehen Sie es oft nicht und Ihr Wunsch bleibt unerfüllt.

Zweifeln sie nicht, sondern fühlen Sie Dankbarkeit, weil Sie sich sicher sind, dass Sie das bekommen was sie sich wünschen. Wenn Sie aufrichtige Dankbarkeit fühlen, ist für Zweifel kein Platz mehr.

Regel Vier

Vertrauen Sie auf die Ganzheitlichkeit Ihres Daseins und auf das Gesetz, dass sich alles weiterentwickelt. Selbst wenn dabei mach mal etwas zerstört wird, denn doch nur deshalb, weil sich dadurch etwas neues Besseres entwickeln kann. Wenn Sie sich dem bewusst sind, dann zweifeln Sie auch nicht, dass sie sich weiterentwickeln und Unterstützung bekommen.

Regel Fünf

Lesen und fühlen Sie diesen Satz: „Wer zweifelt, hat schon verloren." Das kann jeder nachvollziehen. Wenn also Ihre Wünsche wahr werden sollen, dann zweifeln sie nicht. Es sind Ihre Wünsche, die nur Sie kennen. Es kostet sie also absolut nichts, noch nicht einmal ihr Image bei den Zweiflern, wenn Sie innerlich fest davon überzeugt sind und nicht zweifeln.

Wie kann ich sicher sein, dass ich wirklich die richtigen Wünsche gefunden habe?

Manchmal ist es gar nicht so einfach seine eigenen Herzenswünsche zu finden oder sich festzulegen. Persönliche Lebensumstände oder Abhängigkeiten von anderen Menschen, wie im Buch beschrieben, machen es uns häufig schwer. Wenn sie Herzenswünsche formuliert haben, sich aber nicht ganz sicher sind, dann wenden sie die schon beschriebene Spiegeltechnik an.

Stellen Sie sich vor einen Spiegel und schauen sich tief in die Augen, bis in Ihre Seele. Denken Sie an einen Herzenswunsch. Welche Gefühle melden sich da bei Ihnen, wenn Sie sich vorstellen, dass dieser Wunsch gerade in Erfüllung gegangen ist? Hören Sie auf Ihre innere Stimme. In diesem Augenblick wird Ihnen Ihre Seele die richtige Antwort geben. Halten Sie diese Antwort fest. Bewerten Sie diese nicht. Fühlt es sich großartig an und sind Sie glücklich, dann ist es ein richtiger Wunsch. Kommen Ihnen dabei aber auch ungute nicht genau zu definierende Gefühle, ist es keinen Herzenswunsch. Auch wenn Sie aus Rücksicht anderer daran festhalten, wird er nicht in Erfüllung gehen.

Machen Sie das nun mit jedem Wunsch und finden Sie ihre Herzenswünsche.

Wunscherfüllungen aus meinem Leben

Zum Schluss noch einige Beispiele aus meinem Leben, wie sich Wunscherfüllung realisiert hat. Natürlich habe ich schon viele Wünsche gehabt. Viele davon sind nicht in Erfüllung gegangen. Gerade auch zu Beginn hatte ich da noch meine Schwierigkeiten, da auch ich nicht frei von Vorurteilen, falschen Glaubenssätzen war und mit dem Loslassen so meine Probleme hatte. Das ist aber nun wesentlich besser geworden.

Da es sich hier um meine persönlichen Erlebnisse handelt und ich keine anonyme Person bin, werde ich natürlich nicht gerade die Wunscherfüllungen beschreiben, die sehr persönlich sind. Aber auch kleine Wünsche, die jeder so haben kann, zeigen, wie gut Wunscherfüllung funktioniert.

Beispiel Eins: Auf Wohnungssuche

Vor einigen Jahren kam ich wegen einer langfristigen freiberuflichen Tätigkeit nach Berlin zurück. Die Aufgabe war sehr interessant und nach einem Gespräch bekam ich auch ein gutes Angebot. Das Problem war nur, ich sollte schon in drei Tagen anfangen. Ansonsten hätten sie einen anderen Bewerber genommen. Da ich zu dieser Zeit 210 Kilometer von Berlin wohnte, braucht ich dazu eine Wohnung in Berlin. Das sagte ich dem Chef, der das Gespräch auch mit mir führte. Ich fragte ihn, ob er nicht wüsste, wo ich so schnell ein Zimmer herbekomme. Er antwortete mir: „Das ist nicht mein Problem. Ich lasse mich nicht für die Lösung ihrer Probleme einspannen. Sie sind Erfolgscoach, nun zeigen sie, was sie können."

Ich hatte bis zum nächsten Morgen 9:00 Uhr Zeit, um das Unternehmen meine Entscheidung mitzuteilen, ob ich nun dort in drei Tagen anfangen kann oder nicht. Ich kannte niemanden in Berlin, wo ich hätte vorübergehend wohnen können. Eine Pension war damals für mich zu teuer, also suchte ich im Internet erst einmal ein Zimmer, was in Berlin schon damals sehr schwierig war. Viele suchten schon monatelang danach. Ich wollte und brauchte aber diesen

Job, unbedingt. Ich begann mit der Zimmersuche um 12:00 Uhr. Für mich stand außer Frage, ich musste bis zum Abend ein Zimmer finden. Meine ganzen Gedanken und Wünsche waren darauf ausgerichtet. Tatsächlich hatte ich am Abend zwei Besichtigungstermine vereinbart. Ich bekam dann ein Zimmer in der Nähe meiner zukünftigen Wirkungsstätte. Ein möbliertes Zimmer in einer alten Villa. Das grenzte fasst an ein Wunder. Es war allerdings nicht besonders schön und nicht für die Dauer. Da das Wohnen für mich sehr wichtig ist, fokussierte ich meinen Wunsch nach einer neuen Wohnung. Nur einen Monat später fand ich dann zwei Straßen weiter, auch in einer Villa, bei sehr netten Vermietern eine wunderschön möblierte Zwei Zimmer Wohnung, zu einem sensationellen günstigen Preis für Berlin.

Da es ich aber um eine möblierte Wohnung handelte, war auch das keine Endlösung für mich. Ich wollte eine Wohnung mit meinen eigenen Möbeln, die ich zurzeit gelagert hatte. Außerdem wollte ich in meiner Wohnung Platz für einen Coaching Raum haben, um auch dort als Coach zu arbeiten. Deshalb suchte ich danach. Hatte aber diesmal mehr Zeit. Wer Berlin kennt, der weiß wie schwierig, das ist, eine Wohnung zu einem einigermaßen bezahlbaren Preis zu finden. Da ich aber Zeit hatte, suchte ich sie auch in einer begehrten Wohngegend, unabhängig von den geringen Erfolgschancen. Tatsächlich kam es nach einem Jahr zu zwei Besichtigungen an einem Tag. Beide Wohnungen entsprachen nicht meiner Vorstellung. Nachdem ich Sie besichtigt hatte, lief ich noch ziellose durch diesen Stadtteil und schaute mir die Häuser an, in denen ich gern wohnen würde. Ich kam zu einer Straße, die unmittelbar an einem Waldstück lag. Absolut ruhig und mit schönen Häusern. Ich fühlte mich wie verzaubert. Direkt am Wald in Berlin, sowas war mein Traum. So fühlte ich es auch. Natürlich war es eine absolut begehrte Straße in einem schon begehrten Wohngebiet. Ich wünschte mir, hier möchtest du wohnen. Fand aber nirgends ein Mietangebot.

Ich besichtigte in den nächsten drei Wochen noch zwei andere Wohnungen aber diese Straße ging mir nicht aus dem Kopf und jedes Mal wenn ich daran dachte überkam mich ein tolles Gefühl, wie schön es wäre dort zu wohnen. Drei Wochen später fand ich dann ein Wohnungsangebot. Eine Wohnung Drei Zimmer Wohnung in dieser Straße. Mir war sofort klar. Das ist deine Wohnung. Ich rief den Vermieter an. Er hatte einen festen Besichtigungstermin angegeben. In dieser Zeit konnten sich alle Interessenten die Wohnung ansehen. Das war in Berlin so üblich. Ich weiß nicht warum aber ich rief ihn an und sagte ihm, dass ich nicht an so einer Massenbesichtigung interessiert bin. Fragte ihn deshalb, ob er einen individuellen Besichtigungstermin mit mir vereinbaren kann. Er gab mir einen Termin, eine Stunde nach dem offiziellen Besichtigungstermin. Also wenn alle Interessenten die Wohnung schon gesehen hatten und sich entscheiden konnten. Natürlich waren nun meine Chancen noch geringer. Aber so sah ich das nicht. Ich sagte mir, wenn es meine Wohnung ist, dann bekomme ich sie auch. Ich kam zu diesem Termin und fragte als erstes, ob sie überhaupt noch zu haben ist. Daraufhin zeigte mir der Vermieter einen Stapel von Bewerbungen, mit Gehaltsnachweisen der Bewerber. Sagte aber, er werde sich das in Ruhe anschauen und dann entscheiden. Das hatte mich nicht beeindruckt oder gar zweifeln lassen, obwohl ich ja da nach meinen Unterlagen wahrscheinlich nicht gerade der Beste war.

Also besichtigte ich die Wohnung mit Ihm. Sie war für mich ideal. Alles stimmte auch der Mietpreis, der unter dem Durchschnitt so einer Wohnung in dieser Wohngegend lag. So konnte ich mir hier tatsächlich eine Wohnung von 86qm leisten. Das war fast unglaublich. Bei der Besichtigung unterhielten wir uns und erzählten über unsere selbstständige Arbeit. Wir verstanden uns sofort. Er merkte auch, wie begeistert ich von der Wohnung war und fragte mich zum Schluss, ob ich sie haben will. Ich sagte ihm, das wäre mein Traum. Ohne meine Bewerbungsunterlagen überhaupt angesehen zu haben, reichte er mir die Hand und sagte, dann schlagen Sie ein. Die Wohnung gehört ihnen. Ich hatte meine Traumwohnung und bedankte mich beim universellen Bewusstsein.

Beispiel Zwei: Das Auto meiner Träume

Für mein Leben gern fahre ich schnelle Autos. Ich träumte immer von einem schwarzen Sportwagen mit roten Ledersitzen. Allerdings konnte ich mir das zu dieser Zeit nicht einmal annähernd leisten. So fuhr ich damals meinen alten VW Golf weiter. War aber nicht unzufrieden damit, im Gegenteil. Ich arbeite damals freiberuflich als psychologischer Betreuer mit sozialbenachteiligten Jugendlichen. Es war eine feste tägliche Arbeitszeit. In meiner Arbeit war ich sehr erfolgreich und hatte so nach einem Jahr ein Gespräch mit dem Direktor. Dort bot er mir eine feste Arbeit an. Da er an meinem Gesichtsausdruck merkte, dass ich nicht so sehr begeistert davon war, schob er gleich noch das Angebot nach, ich könne natürlich auch freiberuflich weiter arbeiten. Der Stundensatz wurde erhöht.

Da mein alter Golf nun wirklich in den letzten Zügen lag und auch schon Rost angesetzt hatte, fragte ich ihn nach einem Dienstfahrzeug. Kein Mitarbeiter dort hatte ein Dienstfahrzeug. Das wusste ich, aber man kann es ja mal versuchen. Leider hat er das auch bei mir abgelehnt, bot mir aber einen zinslosen Kredit an, damit ich mir ein neues Auto kaufen kann. Das nahm ich an. Wollte aber nicht so viel Schulden machen und war mit 10000,-€ zu frieden. Ein gebrauchtes Auto tat es auch. Mein Wunsch von einem Sportwagen musste also noch warten. Trotzdem habe ich zuerst nach gebrauchten Sportwagen geschaut. Man kann ja nie wissen. Und tatsächlich fand ich ein BMW Z3, Er war erst 86000km gefahren und kostete 8500, Euro. Der Durchschnittspreis für so ein Auto lag damals bei 14500,- Euro. Die Anzeige war seit einer Stunde online. Das war unglaublich. Ich rief da sofort an. Es meldete sich eine Frau. Sie erzählte mir, sie arbeitete bisher in einem Autohaus bei BMW und ist nun nach Mercedes gewechselt. Dort kann sie natürlich nicht mit einem BMW zur Arbeit fahren. Sie hat diesen günstigen Preis, der eigentlich ein Ankaufspreis für Autohändler ist, gewählt, weil sie den Verkauf zügig abschließen will. Der Wagen sei vollkommen in Ordnung. Sie gäbe mir privat eine einjährige Garantie. Und es war genau das Auto, welches ich mir immer gewünscht habe, schwarz mit roten Ledersitzen. Ich war überglücklich und kaufe es am Telefon unbesehen. Es wurde mir gebracht und ich habe es nie bereut. Von Wunscherfüllung und vom universellen Bewusstsein wusste ich damals noch nichts, war aber trotzdem sehr dankbar dafür.

Beispiel Drei: Mein Talisman

In meinen Recherchen lass ich auch Geschichten über Experimente, wie nachgewiesen wurde, dass Gegenstände Erinnerungen haben. Ich selber merkte ja dass Kirchen, Schlösser, Burgen oder sehr alte Häuser auf mich und meine Emotionen Einfluss hatten. Also interessierte mich das. So kam ich dann auch auf die Theorie wie Talismanen wirken. Auch wenn das nicht wissenschaftlich nachweisbar war, fand ich es faszinierend. Zumal der Glaube alleine schon positiv wirken kann.

Deshalb suchte ich nach einem passenden Talisman für mich. Dabei traf ich auf die sehr interessante Geschichte über den Atlantisring. Ich wusste sofort, das war mein Talisman. Nun suchte ich danach, wo man so einen Ring kaufen kann. Bei Ebay wurde ich fündig. Dort wurden einige angeboten, aber nur einer entsprach dem Original. Diesen Ring bot der Verkäufer gleich dreimal an. Er war aus Silber und der Einstiegspreis lag bei 10 Euro. Ich bot auf eines der drei Ringe, mit der geringsten Laufzeit und sagte zu ihm mit fester emotionaler Überzeugung, wenn du zu mir gehörst, dann kommst du auch zu mir. Ich visualisierte meinen Atlantisring, wie ich ihn an meiner Hand trug und sich seine Energie in meinem Körper breitmachte. Ich sah, wie er einen Schutzschild um mich aufbaute. Danach war ich einige Tage sehr beschäftigt und dacht nur kurz mal daran.

Nach vier Tagen bekam ich von Ebay eine Nachricht, „Herzlichen Glückwunsch sie haben den Atlantisring gekauft". Ich sah gleich bei Ebay nach und bemerkte dass nur der Ring, auf dem ich geboten hatte, für 10 Euro verkauft wurde. Die beiden anderen Ringe mit einer späteren Ablaufzeit von 30 bis 50 Minuten, vom selben Verkäufer, mit demselben Foto, waren noch nicht abgelaufen und lagen schon bei 28,- und 33,- Euro. Es war total unwahrscheinlich, dass Bieter die vielleicht schon 20 oder 25 Euro für diesen Ring geboten haben und überboten worden, nicht auf meinen Ring, der als zuerst abläuft, bieten, wenn das aktuelle Angebot nur 10 Euro ist. Aber hätten sie es getan, wäre der Ring nicht zu mir gekommen, denn ich hatte keine Zeit weiter mitzubieten. Für welchen Preis die beiden anderen Ringe tatsächlich verkauft wurden, habe ich nicht mehr verfolgt. War für mich ja nicht wichtig. Ich sagte mir: „O.k. du gehörst wirklich zu mir", und konnte den Zeitpunkt kaum abwarten bis er bei mir eintraf. Nachdem ich ihn an meine Hand gesteckt hatte, stieß ich ein Dankgebet an das universelle Bewusstsein aus. Meinen Atlantisring trage ich immer bei Tag und Nacht. Er wird in meinem ganzen restlichen Leben mein Begleiter sein.

Von diesen Geschichten könnte ich noch viele erzählen. Sicherlich kennen viele auch Beispiele aus Ihrem eigenen Leben. Es funktioniert. Lernen Sie es, bewusst einzusetzen. Nicht alle meine Wünsche sind bisher in Erfüllung gegangen, aber ich bin sicher, das wird noch kommen. Mit der bewussten schöpferischen Wunscherfüllung ist alles möglich. Desto besser man darin ist, umso wirkungsvoller funktioniert es.

7. Selbsthypnoseübungen

Es gibt viele Wege um in eine Hypnose zu gehen. Mache benutzen dafür Gegenstände wie Pendel, rotierende Scheiben oder einfach nur das starke fixieren auf einen Gegenstand. Sicherlich ist das auch ein Weg. Meiner Meinung nach geht es aber auch ohne solche Hilfsmittel. Ich beschreibe Ihnen hier einen Weg in die Hypnose, wie ich sie schon hundertfach angewandt habe und wie sie auch für die Selbsthypnose gleichermaßen funktioniert.

Wie schnell man dann in die Hypnose geht, ist sehr unterschiedlich. Bei einem gelingt es sehr schnell und gleich beim ersten Anlauf. Andere brauchen etwas mehr Zeit. Gerade in der Selbsthypnose kann etwas Übung erforderlich sein. Obwohl jeder in der Lage ist zu visualisieren, fällt es doch einigen schwer, das bewusst zu tun. Das erfordert einfach nur ein wenig Übung. Wenn Sie Profi geworden sind brauchen Sie dafür oft nur noch ein paar Sekunden und müssen diesen Weg denen ich ihnen jetzt beschreibe nicht mehr benutzen.

Nach jeder Selbsthypnoseübung beschreibe ich deshalb eine KURZFASSUNG. Die können Sie anwenden, wenn sie den Einstieg in die Tiefenhypnose und die Sprache der Gefühle beherrschen. Damit können sie sich jeder Zeit in die Tiefenhypnose versetzen und mit dem universellen Bewusstsein für Sekunden oder Minuten kommunizieren.

Der Ort für die Hypnose

Suchen Sie sich einen Ort für die Selbsthypnose aus, an denen Sie sich wohl fühlen. Viele bevorzugen ein ruhiges Zimmer in denen sie sich geborgen und sicher fühlen. Ein Raum, vielleicht mit Gegenständen, die Ihnen viel bedeuten. Ein Raum, in dem Sie viele positive Energien spüren. Dieser Raum muss nicht unbedingt dunkel sein. Im Gegenteil, meist ist es angenehmer, in einem lichtdurchfluteten Raum zu sein. Andere bevorzugen einen Raum im Freien. Hier fühlen sie sich frei und können am besten entspannen. Testen Sie es.

In meinem Coaching Raum habe ich besonderen Wert auf Farben, Bilder und Energiesymbole gelegt. Mit viel Licht, Holz und angenehmen Gerüchen.

Die Körperstellung in der Hypnose

Nehmen Sie eine Stellung ein, in der Sie sich völlig entspannt fühlen. Achten Sie bitte darauf. Das Sie diese Stellung für eine längere Zeit beibehalten müssen ohne das es dann drückt oder unangenehm wird. Viele verschränken die Arme hinter den Kopf oder legen sie auf die Brust. Das wird in der Regel auf Dauer in einer tiefen Entspannung unangenehm. Wenn Sie liegen, legen Sie die Arme am besten an die Seite. Sorgen Sie auch dafür, dass Sie nicht anfangen zu frieren. Auch wenn es Ihnen am Anfang nicht notwendig erscheint, decken Sie sich zu. Einige fühlen sich entspannter in einem Sessel. Testen Sie es einfach für sich. Später können Sie dann die Selbsthypnose in jeder beliebigen Stellung einfach durchführen.

In meinem Coaching Raum benutze ich eine verstellbare, sehr weiche Massagebank. Hier kann ich die Liegeposition individuell einstellen.

Weiter Umweltfaktoren bei der Hypnose

In der Regel sollte es ein ruhiger Raum sein. Vermeiden Sie störende Geräusche von außen. Mit immer mehr Übung werden Sie aber Geräusche nicht mehr stören und Sie können auch tief entspannen wenn es lauter ist.. Geben Sie ihrem Raum gute Düfte, die ihnen gefallen. Oft werden, über MP3 und CD, Klänge zur Unterstützung der Hypnose angeboten. Testen Sie es in der Selbsthypnose. Führen Sie in der Selbsthypnose Gespräche (darauf kommen wir später) wird es in der Regel störend sein. In meiner Hypnose verwende ich das nicht, da sich der Klient voll auf meine Stimme konzentrieren soll.

Der richtige Zeitpunkt der Hypnose

Für die Selbsthypnose empfehle ich, einen Zeitpunkt zu wählen, in dem Sie wach und ausgeruht sind. In der Regel ist das am Morgen noch dem Waschen und vor dem Frühstück. So gehen Sie entspannt und mit neuer Energie in den Tag. Diese morgendliche Hypnose muss nicht lange dauern. Vielleicht 15 bis 20 Minuten. Später reichen auch schon 5 bis 10 Minuten. Führen Sie es nach Möglichkeit täglich durch. Nehmen Sie sich die fünf Minuten Zeit dafür. Sie werden merken es lohnt sich. Sie finden in der Hypnose schnell ihre Rituale die Ihnen helfen werden, ohne weiteren Zeitaufwand in Ihr Tiefenbewusstsein zu tauchen.

Bei der Bewältigung von größeren Problemen benötigen Sie am Anfang mehr Zeit. Falls Sie am Morgen dafür die Zeit nicht aufbringen können, müssen Sie sich eine andere Zeit suchen. In diesem Fall ist es wichtig, ohne Zeitdruck in die Hypnose zu gehen. Sie sollten aber auch da nicht müde sein, sonst schlafen Sie ein.

Wenn ich in meiner Coaching Praxis bemerke, dass ein Klient müde ist, mache ich vor der Hypnose mit ihm ein paar energetische Körperübungen, um ihn wieder zu beleben. Zum Beispiel lasse ich sie oder ihn ein paar Minuten ganz locker Hüfte schwenkend im Raum herum laufen. Das können Sie zuhause auch tun. Damit erhöhen sie sehr schnell ihren Energiefluss und sind wach.

Wenn Sie alles soweit vorbereitet haben dann können sie mit der Entspannung beginnen:

In die Selbsthypnose gehen

Legen Sie sich entspannt hin und schließen Sie Ihre Augen. Positionieren Sie Ihre Arme locker neben Ihrem Körper, atmen Sie ganz ruhig ein und aus. Achten Sie darauf, dass Sie mit jedem Ausatmen immer schwerer werden und immer tiefer nach unten sinken. Sagen Sie sich in Gedanken „umso tiefer ich sinke umso wohler und entspannter fühle ich mich" Sie werden es fühlen, wie Sie dabei immer entspannter werden.

Versetzen Sie sich jetzt in Gedanken vielleicht an einen Ort, den Sie kennen, an dem Sie sehr glücklich sind und sich besonders wohl und sicher fühlen. Es darf auch ein Fantasieort sein. Es hat sich gezeigt, desto unrealistischer der Ort ist, in dem Sie sich wohlfühlen, umso tiefer gehen Sie in die Hypnose. Ihrer Fantasie sind dabei keine Grenzen gesetzt. Es sollte aber wirklich nur so ein Ort sein, an den Sie bei jeder weiteren Hypnose gerne zurückkommen.

Versuchen Sie diesen Ort, wie in einem Traum vor sich zu sehen. Schauen Sie sich um, die Konturen werden langsam immer deutlicher. Sie hören vielleicht Vögel und riechen die Blumen. Manchmal hilft es, wenn man vorher auf einem Bild einen schönen Ort anschaut oder an einer Blume oder Parfüm riecht. Entspannen Sie sich, Sie befinden sich jetzt in einer anderen, geistigen Welt oder wenn Sie so wollen, in Ihrer Traumwelt und dort ist alles möglich.

Im Tiefenbewusstsein ankommen

Sie sehen in diesem Ort eine bequeme breite Liege. Sie gehen zu dieser Liege und legen sich auf sie. Sie ist ganz weich und bequem. Sie liegen jetzt auf dieser weichen bequemen Liege mitten in Ihrem Lieblingsort. Das fühlt sich wunderbar an. Sie fühlen sich frei und sicher.

Mit dieser Liege fahren Sie nun ganz langsam und ruhig immer tiefer nach unten. Desto tiefer sie sinken, umso freier und sicherer fühlen Sie sich. Immer tiefer nach unten. Sie passieren ein unsichtbares Tor. Sie fühlen dabei einen kleinen aber angenehmen Widerstand und dann sinken Sie noch einmal ganz tief. Das ist angenehm. Jetzt befinden Sie sich in einem hellen schönen Gang. Es ist der Gang ihres Tiefenbewusstseins. Sie gehen den Gang entlang und rechts befinden sich lauter Türen. Sie gehen an Türen vorbei. Desto weiter Sie gehen, umso besser fühlen sie sich. Jetzt bleiben Sie an einer Tür stehen. Sie drehen sich zu dieser Tür und sehen daran ein Schild. Auf diesem Schild steht „Raum der Gefühle". Sie lesen es noch einmal „Raum der Gefühle."

Sie öffnen diese Tür und stehen auf einer Sommerwiese, sehen das grüne Gras und die bunten Blumen. Rote Mohnblumen, blaue Glockenblumen, gelbe Butterblumen. Sie sehen, wie bunte Schmetterlinge über die Wiese flattern. Sie stehen mitten auf der Wiese und atmen die frische sauerstoffreiche Luft. Sie fühlen sich unendlich frei und glücklich.

Jetzt schauen sie sich um. Sie schauen über die Wiese und sehen mitten auf ihr einen großen einzelnen Baum stehen. Es ist ihr Lebensbaum mit einem dicken Stamm und einer grünen Blätterkrone. Sie gehen zu diesem Baum und umarmen den großen Stamm. Sie drücken Ihren ganzen Körper fest an den Stamm und spüren ein leichtes vibrieren. Sie fühlen Ihre Lebensenergie. Diese Energie fließt jetzt in Ihren Körper. Sie spüren angenehme Wärme, die sich in Ihrem ganzen Körper ausbreitet. Sie spüren ein angenehmes leichtes Kribbeln in Ihrem ganzen Körper. Sie spüren die Energie, die ihren Körper stärkt. Das fühlt sich gut an. Sie fühlen sich jetzt stark und frei. Nun lösen sie sich von Ihrem Baum und sind im Tiefenbewusstsein angekommen.

Jetzt können sie zum Beispiel das Loslassen ausführen so wie vorher beschrieben. Lassen Sie Personen, falsche Glaubenssätze, Vorurteile und vieles mehr los.

Wenn sie genug Übung haben, können Sie diesen Weg abkürzen und sich gleich auf die Wiese zu ihrem Lebensbaum begeben. Falls sie es ausprobieren, und merken, dass es doch noch nicht so richtig klappt, dann verlängern sie den Weg wieder. Setzen Sie sich nicht unter Druck. Es ist nur eine Frage der Zeit ohne Zwang. Beginnen Sie aber immer auf der Wiese und umarmen Sie ihren Lebensbaum. Fühlen Sie die Energie und laden Sie sich damit auf. Das ist die Voraussetzung für das Gelingen alle weiteren Schritte.

Von diesem Standort aus können Sie nun ihre Herzenswünsche in Ihr Tiefenbewusstsein übermitteln und schnell und unverfälscht das universelle Bewusstsein erreichen.

Es gibt noch eine zweite Möglichkeit, die für einige besonders hilfreich sind. Diese möchte ich Ihnen vorstellen. Probieren Sie es einfach aus, was für sie das Beste ist.

Hier also eine weitere Ausbaumöglichkeit:

Nachdem Sie bei Ihrem Lebensbaum Energie aufgenommen haben und in ihrem Tiefenbewusstsein angekommen sind, treffen sie auf der Wiese einen Begleiter. Einen Engel oder einen Menschen den Sie sich ausgedacht haben, einen Menschen aus der Vergangenheit, der ihnen sehr wichtig ist, einen Menschen, dessen Körper schon gestorben ist und den Sie kennen oder den Sie verehren. Das kann auch eine große Persönlichkeit aus der Geschichte sein. Egal, es ist auf jedem Fall ein Begleiter aus dem universellen Bewusstsein.

Also ein direkter Kontakt. Dieses Wesen begleitet sie auf ihrer Reise durch Ihr Tiefenbewusstsein und Ihrer Wünsche. Es schaut Ihnen vielleicht nur freundlich und zuversichtlich zu, zeigt ihnen Bilder oder Sie können sich mit ihm unterhalten. Versuchen Sie es.

Kommen wir nun zu den einzelnen Wünschen.

7.1 Liebe und Glück

Der Wunsch nach Liebe und einer glücklichen Partnerschaft ist wohl der innigste und meiste Wunsch der Menschen. Dieser Wunsch ist unmittelbar mit einer Kooperation eines anderen Menschen verbunden. Bleiben Sie deshalb bei Ihrem Wunsch, so neutral wie möglich, um den richtigen Partner zu finden, mit dem Sie dauerhaft glücklich werden und er mit Ihnen. Das gilt für Single. Für Menschen in einer Beziehung geht es um eventuelle Problemlösungen in der Partnerschaft.

Für Single

So könnte Ihr Wunsch lauten: Ich möchte einen Partner, mit dem ich glücklich bin und er mit mir. Ich möchte Ihm meine Liebe, mein Vertrauen schenken, genauso wie er es mir auch schenken will.

Formulieren Sie es also unmissverständlich. Was möchten Sie. Was möchten Sie ihren Partner geben und was möchten sie von ihm haben, damit sie in dieser Beziehung glücklich werden. Natürlich können Sie den Wortlaut nach Ihren Wünschen ändern. Beziehen Sie diesen Wunsch aber nicht auf eine bestimmte Person. Dadurch könnte Ihr Wunsch nicht in Erfüllung gehen. Die Gründe habe ich schon erklärt. Sie werden aber mit diesem Wunsch eine glückliche dauerhafte Liebesbeziehung bekommen. Wenn es der Partner ist den Sie vielleicht im Auge haben, dann wird es sowieso passieren. Wenn nicht dann kommt ein Besserer. Da können Sie ganz sicher sein.

Hier also der weitere Weg in Ihrem Tiefenbewusstsein:

Wenn Sie in Liebesbeziehungen Enttäuschungen erlebt haben, mit denen sie noch nicht richtig fertig geworden sind, dann gehen Sie wie folgt vor:

„Sie sehen, haben gerade Ihrem Lebensbaum umarmt, da sehen sie auf der Wiese einen Lichtstrahl. So groß das sie sich dort hineinlegen können. Sie gehen dorthin und legen sich mit den Rücken hinein. Jetzt spüren sie wie ihr Körper immer leichter wird und anfängt nach oben zu schweben. Sie schweben jetzt im Lichtstrahl nach oben. Sie sehen nach unten und bemerken wie sich ein Schatten, der sich aus Ihrem Körper gelöst hat. Er löst sich aus ihren Rücken und schwebt nach unten. Nun spüren Sie, dass sie sich leichter und freier fühlen. Es löst sich noch ein Schatten aus Ihrem Körper und noch einer. Jedes Mal wenn sich ein Schatten aus ihrem Körper löst, fühlen Sie sich leichter und freier. Sie fühlen sich ganz befreit. Jetzt kommen Sie oben an.“

Für Single, die mit ihrer früheren Liebesbeziehungen schon abgeschlossen haben, genügt es, wenn Sie von Ihrem Lebensbaum aus nur durch ein Licht Tor gehen.

„Dort stehen Sie wieder auf einer Wiese. Diesmal aber ist sie noch heller und farbenfroher. Dort sehen sie einen Menschen. Sie fühlen sofort, es ist Ihr Lebenspartner. Voller

Erwartung und Freude gehen Sie auf Ihn zu. Sie sehen seine schönen leuchtenden Augen und spüren er bringt ihnen starke Gefühle entgegen. Dann sind sie ganz nah bei ihnen und können gar nicht anders als ihn zu umarmen. Sie spüren seinen Körper. Es ist wunderbar. Ihre Körper verschmelzen ineinander und ihre Gefühle überwältigen Sie. Sie wissen jetzt ganz genau, Sie haben den richtigen Partner gefunden. Sie lösen sich voneinander und spüren Vertrauen und Gewissheit. Das ist der Mensch in ihrem Leben. Sie geben sich einen Kuss. Sie fühlen den Kuss ganz intensiv. Es kribbelt in Ihrem ganzen Körper. Dann verabschieden Sie sich. Sie sind darüber sehr froh, denn Sie wissen, dass Sie ihn bald wieder sehen und dann zusammen bleiben."

Vermeiden sie hier das Wort für IMMER zusammen bleiben, auch wenn es ihr Herzenswunsch ist. Wenn es zum Wachstum von beiden dauerhaft führt, dann wird es so kommen. Es kann sich aber bei einem oder beiden im Laufe des Lebens etwas ändern und nur durch Veränderung weiter wachsen. Richten Sie Ihren Wunsch einzig und allein auf Wachstum aus, sonst wird Ihr Wunsch nicht in Erfüllung gehen.

„Sie gehen zurück zum Licht, durch schreitet das Licht. Sie befinden sich wieder an Ihrem Lebensbaum. Sie fühlen sich sehr glücklich. Sie wissen sie werden diesen Menschen begegnen und Sie freuen sich darauf. Dann legen sie sich unter Ihren Lebensbau ins Gras und verspüren große Dankbarkeit. Sie schließen die Augen und zählen langsam bis drei. Bei drei öffnen Sie Ihre Augen und sind wieder aus der Hypnose erwacht. Das glückliche Gefühl und die Gewissheit haben Sie mit nach oben genommen."

KURZFASSUNG

Gehen Sie in die Tiefenhypnose und treffen sie ihren Partner. Umarmen Sie ihn und fühlen Sie die starke Liebe und Verbundenheit zu einander. Sie sind sicher, sie werden sich begegnen.

Für Menschen in einer Beziehung

Menschen in einer glücklichen Beziehung haben sich diesen Herzenswunsch schon erfüllt. Anders sieht es aus, wenn sie Probleme in einer Beziehung haben und das ändern möchten. In diesem Fall ist es unbedingt notwendig, dass Sie vorher mit Ihrem Partner darüber reden. Will Ihr Partner denn auch, dass sich Ihre Beziehung wieder verbessert. Ist es auch ein Herzenswunsch von ihm oder zweifelt er generell an dieser Verbindung oder hat er damit vielleicht auch schon innerlich abgeschlossen. Nur wenn es wirklich auch ein Herzenswunsch von Ihrem Partner ist, dann hat Ihr eigener Wunsch nach einer glücklichen Beziehung mit ihm Erfolg. Wenn nicht, dann lassen Sie es. Es ist verlorene Zeit und Energie, so hart das auch klingt.

Will Ihr Partner von Herzen, so wie Sie, dass Ihre Beziehung wieder besser wird, dann können sie wie bei Single in die Hypnose gehen.

Nur diesmal begegnen Sie Ihren Partner. Umarmen ihn und küssen ihn, mit dem Gefühl wie es beim ersten Mal war. Sie gehen Hand in Hand über die Wiese, hören Musik und tanzen auf der Wiese zusammen. Dann lachen Sie herzlich und umarmen sich wieder. Sie verabschieden sich dann mit der Gewissheit, dass alles wieder gut und schön wird.

7.2 Gesundheit

Nicht nur Menschen mit gesundheitlichen Problemen wünschen sich Gesundheit und ein langes Leben. Natürlich gibt es Menschen, die vehement ein langes Leben ablehnen, weil sie sich im Alter als hinfälligen Menschen sehen. Aber auch das ist nur ein Vorurteil. Gesund sein können die Menschen auch bis ins hohe Alter. Das Bild vom alten hinfälligen Menschen ist dabei, sich zu ändern. Zwar langsam aber unaufhörlich. Ich bin überzeugt, dass schon Generationen die heute leben, ein anders Bild erhalten.

Es bleibt natürlich ihnen überlassen, ob sie dieses Vorurteil ablegen. Dann aber wünschen Sie es sich auch nicht. Das wäre schade. Desto älter der Mensch in geistiger und körperlicher Gesundheit und Fitness wird, umso mehr kann er durch seine größeren Erfahrungen und Taten zur Entwicklung beitragen. Nach den heutigen Erkenntnissen der Biologen kann der Mensch in Gesundheit und Fitness 130 Jahre alt werden und die Gentechnik geht da heute schon von ganz anderen Lebenszeiten aus. Warum sollten Sie sich also mit so einem Vorurteil selbst degradieren und sich damit gegen die Weiterentwicklung stellen.

Für ein gesundes und langes Leben

„Nachdem sie Ihren Lebensbaum umarmt haben, legen Sie sich unter seine die Krone ins Gras. Jetzt spüren Sie, wie aus dem Boden Wärme in ihren Körper einzieht. Es ist die Energie Ihres Lebensbaumes. Diese Wärme spüren Sie nun im ganzen Körper. Wie eine Welle geht diese Energie durch Ihren Körper von oben nach unten und von unten nach oben. Fühlen Sie diese Welle, wie sie durch Ihren Körper fließt. Sie erfasst auch die letzte Zell ihres Körpers. Diese Welle voller Lebensenergie reinigt und repariert nun ihren ganzen Körper, bis in die einzelne Zelle hinein. Sie sehen wie kranke Zellen wieder gesund werden, wie schwach leuchtende Zellen wieder anfangen, hell zu leuchten. Sie sehen diese Welle, wie sie allen Schmutz, den sie aus ihren Zellen heraus gespült hat, langsam vor sich her schiebt. Sie sehen die Welle mit dem ganzen Schmutz. Es sieht aus wie Staub.

Nun kommt diese Welle zu ihrem Bauch. Dort verändert sie ihre Fließrichtung und kreist mit all dem Staub um Ihren Bauch. Wie ein langsamer Strudel dreht sich der ganze Staub in Kreis. Dieser Kreis wir ganz warm. Immer Wärmer. Das finden Sie angenehm. Sie sehen wie sich der Staub durch die Wärme in Rauch verwandelt und aus ihrem Bauchnabel langsam strömt. Der ganze Rauch strömt aus Ihrem Bauchnabel. Sie sehen, wie der Rauch aus ihnen herausströmt und sie fühlen sich immer besser dabei. Das Glücksgefühl wird immer stärker, umso mehr Rauch herausströmt. Jetzt hört der Strom auf. Der ganze Rauch, der ganze Schmutz ist aus Ihnen raus. Sie fühlen, wie die Welle wieder Lebensenergie durch Ihren Körper strömen lässt. Sie sehen die Welle und alles ist sauber und funkelt. Sie fühlen ihren Körpers, wie kräftig er ist. Nun stehen Sie wieder auf.

Wenn Sie einen Helfer haben, dann könne sie auch folgendes tun:

Sie treffen auf der Wiese Ihren Engel, den direkten Vertreter des universellen Bewusstseins. Ohne zu reden weiß Ihr Engel was Sie wollen. Sie wollen, dass Ihr Körper gesund und stark wird. Ihr Engel verwandelt sich in einen Energiekörper und tritt von hinten in Sie ein. Er befindet sich jetzt in ihrem Körper. Sie spüren ihn in sich. Sie spüren seine Energie. Es fühlt sich sehr gut und vertraut an. Sie spüren jetzt, wie diese Energie bis in die einzelne Zelle Ihren Körper eindringt, ihn repariert und stärkt. Das fühlen sie. Es beginnend von den Füßen immer weiter nach oben. Es ist warm und angenehm. Dort wo Sie Probleme haben wird es sehr warm und sie bleiben eine Zeit an dieser Stelle, dann gehen Sie weiter. Manchmal wird es auch wärme, an Stellen, wo Sie noch keine Probleme verspüren. Aber Sie die lassen Reparatur zu und genießen diese wunderbare intime Vereinigung mit Ihrem Engel. Sie spüren diese heilende Energie. Ihr Engel tritt danach aus Ihren Körper und verwandelt und bekommt seine Gestalt wieder. Sie sind voller Glück und Liebe. Sie umarmen ihn und er Sie. Sie bedanken sie bei ihm für diese wundervolle Heilung.

Nun gehen Sie voller Glück und Energie über die Wiese und kommen an einem Weg. Der hat ein Namensschild. Darauf steht: LEBENSWEG. Es ist der Weg Ihrer Lebensjahre.

Sie gehen nun allein oder mit Ihrem Engel auf diesem Weg. Zu Beginn steht ein Schild mit Ihrem derzeitigen Alter. Es ist ein schöner Weg. Sie gehen voller Energie und Freude den Weg entlang. Am Wegesrand treffen Sie auf Menschen die Ihnen freundlich zu winken. Dann kommen Sie an einem Schild, wo sie zehn Jahre älter sind. Sie gehen weiter. Und wieder Zehn Jahre älter und wieder. Sie fühlen sich, voller Energie und Lebensfreude. Wieder begegnen Sie Menschen die Ihnen freundlich zu winken.

Sie kommen an einem See. Mittlerweile sind sie um die 80 Jahre alt. Sie gehen zu dem See und ziehen sich ganz nackt aus. Sie fühlen sich frei und glücklich. Jetzt schwimmen Sie im See. Sie machen kräftige Züge und kommen problemlos voran. Mit jeder Schwimmbewegung, die sie vorwärtsbringt, spüren Sie das angenehme warme Wasser, wie es an Ihrem Körper vorbei strömt. Dieser Strom nimmt ihnen all ihre negative Energie. Sie wird vom Wasser aus ihnen heraus gezogen. Es ist ein großartiges Gefühl. Sie steigen wieder aus dem Wasser und spüren die angenehme warme Luft, wie sie Ihrem Körper trocknet. Es ist ein starkes Lebensgefühl, welches sich in Ihrem ganzen Körper ausbreitet. Sie fühlen sich lebendig und voller Energie.

Nun ziehen Sie sich an und gehen den Weg weiter. Sie werden nicht müde und fühlen sich gut. Und wieder ein Schild, zehn Jahre später. Es ist wunderbar dieses Leben. Sie sehen, wie der Weg immer weiter geht. Er endet nicht. Ganz, ganz hinten sehen Sie ein helles Licht, in das der Weg hineingeht. Sie aber gehen nun zurück zu Ihrer Wiese, zu Ihrem Lebensbaum. Dort angekommen, umarmen Sie noch einmal voller Freude ihren Baum und verabschieden sich für heute von Ihm. Sie legen sich ins Gras und zählen bis drei. Aufgewacht fühlen sie sich großartig und sind voller

Lebensfreude. Sie spüren, dass Ihr Körper gesund und fit ist."

KURZFASSSUNG

Sie gehen gleich zu ihren Baum. Sie umarmen und begrüßen ihn. Legen Sie legen sich auf die Wiese und lassen die Energiewelle, wie beschrieben, wirken. Sehen sie zum Schluss den Rauch aus Ihrem Körper strömen. Fühlen Sie sich danach stark und gesund. Fühlen sie Dankbarkeit.

Oder

Begegnen Sie ihren Engel aus dem universellen Bewusstsein. Er tritt in Ihren Körper und Sie spüren Ihn in sich. Danach wie oben beschrieben. Der Engel tritt wieder aus Ihnen heraus. Sie fühlen sich gesund und stark. Voller Lebensenergie. Das macht Sie glücklich. Sie umarmen Ihren Engel und verabschieden sich von Ihm.

Ihren Lebensweg gehen Sie dann ganz nach Bedarf.

Ich werde in meinem Coaching manchmal gefragt: Kann ich mir denn für einen anderen geliebten Menschen wünschen, dass er wieder gesund wird?

Natürlich können Sie das. Besonders wenn es sich zum Beispiel um einen Unfall handelt, wo der Betroffene nicht mehr in der Lage ist sich selbst was zu wünschen. Hier kommt es darauf an, wie stark Ihre Seelen in diesem Leben mit einander verbunden sind. Das universelle Bewusstsein erkennt solche Verbindungen. Nur ganz wenige stark mentale Menschen können solche Verbindungen auch schaffen, wenn sie vorher diesen Menschen noch nicht gekannt haben. Aber auch das ist möglich. Wünschen sie sich also Heilung aber nicht mit den Gedanken und Gefühlen wie: Lass mich nicht allein. Was soll ich denn ohne dich machen und so weiter. Sondern wünschen Sie sich selbstlos für ihre geleibte Seele, mit der Sie sich eng verbunden fühlen, Genesung. Danach können sie im Geist oder in der Hypnose auch ein noch langes gemeinsames glückliches Leben sehen. Seien sie zum Schluss dankbar dafür.

7.3 Erfolg

Die meisten Menschen möchten in Ihrem Leben Erfolg haben. Erfolg im Beruf, Erfolg in der Schule oder Studium, Erfolg im Sport und vieles mehr. Menschen wollen sich selbst beweisen und Anerkennung, in ihrem sozialen Umfeld erhalten. Auch hier gilt, den Erfolg in Kontext der Weiterentwicklung des Ganzen zu sehen und einzubinden. Erfolg darf also nicht auf Kosten anderer erzielt werden. Das wären dann bestenfalls eine Verschiebung und keine Weiterentwicklung.

Der richtige Wunsch könnte zum Beispiel wie folgt lauten:

1. Ein Schauspieler wünscht sich, Erfolg zu haben, und sieht den Erfolg auf Plakaten oder sieht begeisterte Menschen die ihn applaudieren.
2. Ein Architekt sieht, wie seine Auftragsbücher gefüllt sind und er an einem großen Projekt arbeitet.
3. Ein Leistungssportler sieht sich, wie er über sich hinaus wächst und den Weltrekord bricht - Sehen sie in dem Fall nicht, wie Sie auf der Siegertreppe auf dem ersten Platz stehen, dadurch beeinflussen Sie ja die anderen Sportler, die dann nicht auf den ersten Platz stehen sollen.
4. Ein Schüler oder Student sieht sich mit einem hervorragenden Abschluss, wie er die Schule verlässt und einen guten Job in der Tasche hat.
5. Ein Arbeitsloser oder jemand mit einem Job, mit dem er sehr unzufrieden ist, sieht, wie er einen neuen Job bekommt, der viel besser ist, als das, was er vorher beruflich getan hat.
Das kann man weiter fortsetzen. Ich denke aber, das Prinzip ist verstanden.

Sich Erfolg zu wünschen können Sie nur auf sich selbst beziehen, also Ihre Herzenswünsche, auch wenn es sich um den Erfolg einer Gruppe handelt, in der Sie Mitglied sind. Wie schon erklärt, können sie nicht für andere wünschen. Natürlich können Sie der ganzen Gruppe Erfolg wünschen, aber Ihr Herzenswunsch, der ausgesandt und in Erfüllung gehen soll, kann sich nur auf Sie beziehen. Beziehen Sie Ihren Herzenswunsch immer darauf, was sie damit erreichen wollen.

Zum Beispiel:

1. Ich möchte über mich hinaus wachsen und alles Teamplayer alles geben können, damit meine Mannschaft erfolgreich ist.

2. Ich möchte in meinem Team meine Aufgaben mit den besten Ergebnissen erfüllen und damit die anderen Mitglieder noch mehr motivieren, damit wir gemeinsam unser Ziel erreichen.

3. Ich möchte als Teamleiter immer die richtigen Entscheidungen treffen und meine Mitglieder bei allem optimal unterstützen, damit wir erfolgreich sind.

Auch das kann man beliebig fortsetzen. Denken und fühlen Sie einfach was Sie im Team oder einer Gruppe tun können um erfolgreich zu sein und wünschen Sie sie das.

Ihr Wunsch für Erfolg

Je nachdem wie Ihr Erfolgswunsch aussieht, können Sie ihn natürlich an das universelle Bewusstsein mit ihren Gedanken und Gefühlen senden. Dabei haben sich bei meiner Arbeit besonders zwei Methoden bewährt.

Erste Methode:

„Sie sind in ihrem Tiefenbewusstsein an Ihrem Lebensbaum. Jetzt sehen Sie in seinem dicken Stamm eine Tür. Sie öffne die Tür mit einem Knopf, den Sie drücken. Die Tür öffnet sich und es ist ein Fahrstuhl, hell und groß. Sie gehen in diesen Fahrstuhl und drücken den Knopf nach unten. Die Tür schließt sich und sie fahren nach unten, sie fühlen es, wie sich der Fahrstuhl nach unten bewegt. Jetzt sehen sie eine Skala von eins bis fünf. Eins leuchte, dann zwei, dann drei, vier und dann fünf.

Der Fahrstuhl bleibt stehen und die Tür öffnet sich. Sie treten hinaus und stehen in einem hellen Raum. Mitten im Raum befinden sich drei große Spiegel. Sie gehen zu dem ersten Spiegel, der sich ganz links befindet. Dort sehen Sie Szenen aus ihrer Vergangenheit, wie und was Sie arbeiten. Es macht ihnen Spaß. Sie schauen sich die Szene an und fühlen Dankbarkeit. Sie bewegen sich von diesem Spiegel weg und er erlischt. Danach schauen sie in den Spiegel, der sich in der Mitte des Raumes befindet. Jetzt sehen sie Szenen aus Ihrer gegenwärtigen Arbeit oder Tätigkeit. Wieder fühlen Sie Dankbarkeit. Sie bewegen sich von diesem Spiegel weg und er erlischt. Nun schauen Sie in den rechten Spiegel. Dort sehen Sie die Zukunft. So wie sie sich das wünschen. Jetzt sehen Sie die Szene Ihres Erfolges. Zum Beispiel volle Termin Bücher, Urkunden an der Wand usw. Sie fühlen sich großartig und glücklich. Sie fühlen, wie gut es sich anfühlt, wenn sie Erfolg haben.

Dann bewegen sie sich von diesem Spiegel fort aber er erlischt nicht. Sie sehen wie die beiden anderen Spiegel sich langsam auflösen und der letzte Spiegel mitten im Raum steht und hell leuchtend ihre Erfolgsszenen spiegelt. Sie gehen zu dem Fahrstuhl, drehen sich noch einmal um und sehen, wie der Spiegel mitten im Raum, hell erleuchtet, die Szenen ihres Erfolgs anzeigt. Nun spüren sie eine tiefe Gewissheit, dass dieser Erfolg wahr wird. Sie gehen in den Fahrstuhl und fahren wieder nach oben. Dabei fühlen sie wie großartig es ist. Sie sind dankbar. An Ihrem Lebensbaum angekommen, legen sie sich ins Gras, zählen wie immer bis drei und erwachen. Das Gefühl des Erfolgs haben sie mit nach oben genommen."

Diese Methode ist sehr wirkungsvoll für Menschen, die gelernt haben gut zu visualisieren. Hier sehen Sie nicht nur Dinge, die Sie selber erleben, sondern auch Bilder im Spiegel. Das ist am Anfang für einige nicht immer leicht. Wenn es Ihnen gelingt, dann benutzen Sie diese Methode. Falls sie einen Begleiter haben kann er Ihnen dabei helfen.

KURZFASSUNG

Sie stehen in einem Raum mit drei Spiegel. Danach wie gehabt bis sie den Raum wieder verlassen.

Zweite Methode

„Sie stehen wieder nach der Begrüßung an ihrem Lebensbaum und gehen nun auf die Wiese. Dort kommen sie auf einem Weg. Dieser Weg hat einen Namen: Weg des Erfolgs.

Dieser Weg geht leicht bergauf und führt auf einen Berg. Es ist ein wunderbarer Wanderweg. Rechts und links sind Waldwiesen und vereinzelt stehen Bäume. Sie gehen fröhlich und voller Energie den Weg langsam hinauf. Sie verspüren innere Ruhe. Niemand hetzt Sie. Manchmal bleiben sie stehen und genießen die schöne Natur. Auf halbem Weg treffen sie auf eine kleine Gruppe von Menschen. Sie stehen etwas abseits vom Weg und nicken Ihnen sehr freundlich zu. So als würden Sie sie kennen. Es gibt ihnen ein vertrautes Gefühl. Sie nicken zurück und gehen weiter.

Sie haben jetzt ein noch schöneres Gefühl. Es ist ein Gefühl der Gewissheit, dass alles was Sie sich wünschen in Erfüllung geht. Sie gehen voller Freude und Energie weiter den Berg hinauf.

Fast angekommen stoßen Sie auf eine Berghütte. Sie gehen zu dieser Berghütte. An der Tür ist ein Schild. Darauf steht- Haus Deines Erfolgs – voller Spannung öffnen sie die Tür und gehen hinein. Sie befinden sich in einem Wohnraum und obwohl sie noch nie da waren, kommt er Ihnen vertraut vor. Sie fühlen sich hier sehr wohl. Auf dem Tisch liegt ein Terminkalender. Darauf steht Ihr Name. Sie öffnen den Kalender und sehen er ist voll. Voll mit Terminen für ihr

Geschäft oder Dienstleistung oder an der Wand hängen Urkunden die Ihren Erfolg dokumentieren oder es stehen Pokale auf dem Fensterbrett und so weiter. In diesem Raum finden Sie alles, das Ihnen Ihren Erfolg zeigt. Sie sind glücklich. Sie haben es geschafft. Voller Freude stoßen Sie ein Dankgebet aus.

Sie verlassen das Haus wieder. Wenn Sie nun schon so weit gelaufen sind dann sie wollen auch zum Gipfel des Berges. Es ist nicht mehr weit. Auf dem Weg dahin genießen Sie ihren Erfolg. Sie fühlen sich großartig. Auf dem Gipfel angekommen schauen sie bis zum Horizont auf eine weite schöne Landschaft. Sie fühlen wie groß und schön diese Welt ist. Sie breiten die Arme aus und fühlen sich stark. Alles ist möglich. Alles könne sie erreichen, wenn Sie es wollen. Falls Sie in einem Team arbeiten treffen nun die anderen Teammitglieder auf den Gipfel ein. Sie begrüßen sich freudig und genießen Ihren gemeinsamen Erfolg. Noch einmal bedanken Sie sich gemeinsam dafür. Danach gehen sie mit dem Glück des Erfolges auf ihre Weise zurück, zu Ihrem Lebensbaum. Sie legen sich auf die Wiese, zählen bis drei und erwachen mit der festen Überzeugung, dass der gewünschte Erfolg eintreffen wird."

KURZFASSUNG

Sie gehen ins Haus ihres Erfolgs. Danach wie beschrieben. Bis sie auf dem Berg stehen und die Arme weit ausbreiten. Ihnen gehört die Welt.

In meinem Coaching werde ich manchmal gefragt, besonders bei Sportlern, warum sie sich nicht wünschen können auf dem Siegertreppchen zu stehen. Schließlich ist es ja der Herzenswunsch eines Sportlers. Nun, viele oder jedenfalls mehr als einer, wünschen sich, dass sie siegen. Mit diesem Wunsch verdrängen sie also andere die ebenfalls diesen Wunsch haben. Nur der Beste kann gewinnen. Also wünschen sie sich lieber, dass Sie Ihr Leistungsvermögen voll ausschöpfen und über sich noch hinaus wachsen, damit sie der Beste sind oder werden.

Sie sehen sich im Spiegel wie Sie Fußballspielen, wie ein junger Gott oder Handball, Volleyball usw. Im Einzelwettkampf springen sie weiter als zuvor oder sind schneller, höher, weiter als sie je waren. Das ist der Grund warum Sie siegen oder zu mindestens selbst mit Ihren Leistungen zufrieden sind und wachsen können. Dabei können Sie sich in ihrer Wunscherfüllung auch ganz konkrete Ziele setzen, wie welche Mindestweite, wie schnell usw. Legen sie nicht eine maximale Größe fest, denn damit schränken Sie sich selber ein. Die Chance, mit diesem Wunsch Sieger zu werden, ist wesentlich größer als sich den Sieg zu wünschen.

Dem universellen Bewusstsein ist es egal, wer in einem Wettstreit siegt. Ein Sieger muss aber nicht zwangsläufig mehr zum Wachstum beitragen, als ein anderer der alles gegeben hat. Viele Leistungssportler kennen das Gefühl.

7.4 Wohlstand

In meinem Coaching erlebe ich doch häufig, dass sich Klienten förmlich schämen, sich Wohlstand zu wünschen. Im Abschnitt Glaubenssätze im Beispiel von C. einer nun erfolgreichen Unternehmerin, bin ich schon darauf eingegangen.

Wohlstand zu verstehen, als ein sorgenfreies finanzielles Leben, trägt zur Entwicklung aller bei wenn:

1. Wohlstand durch hohe Leistungen, die zur Entwicklung beitragen und nicht auf Kosten von anderen entsteht.

2. Wohlstand sich auf die Sicherheit und Freiheit des Menschen fokussiert und nicht in dekadente Verschwendungssucht ausartet.

3. Wohlstand dazu führt, durch die eigne Sicherheit, sich besser in die Allgemeinheit einbringt. Es gab schon immer wohlhabende Menschen die aber immer auch sehr viel für die Allgemeinheit und damit für das Wachstum aller getan haben.

Also Wohlstand muss immer der Entwicklung aller oder des Ganzen direkt oder indirekt dienen. Solche Wünsche des Wohlstandes gehen bei der schöpferischen Wunscherfüllung, sofern es ein Herzenswunsch ist, in Erfüllung. Also wünschen Sie sich Wohlstand in diesem Sinne und Sie werden für das Wachstum des Universums einen großen Beitrag leisten können.

Wohlstand in diesem Sinne ist also auf Leistung aufgebaut. Es ist ein Vorurteil, wenn nicht sogar bei vielen ein Glaubenssatz, dass Menschen unterschiedliche Voraussetzungen haben und damit einige mehr Leistungen erbringen können als andere. Das ist absolut falsch, weil es sich immer nur auf eine subjektive Bewertung einer Leistung bezieht. Zu mindesten bei Menschen, die gesund geboren wurden. Warum:

1. Wir definieren heute Leistungen fast ausschließlich im Sinne unserer Leistungsgesellschaft. Nämlich Dienstleistungen und Herstellung von Produkten, die auf dem Markt verkauft werden können. Selbst Kunst oder Wissenschaft orientiert sich schlussendlich auf marktwirtschaftliche Bedingungen. So bleiben viele Leistungen, die sich dort nicht durchsetzen unbeachtet.

2. Jeder Mensch denkt, kann also schöpferisch tätig sein und wird mit besonderen Begabungen geboren. Ob es nun eine hohe Intelligenz, ein bestimmtes Talent, eine hohe Sensibilität, eine besondere Gabe für Intuition und vieles andere ist. Alles ist gleichermaßen im universellen Bewusstsein von Bedeutung und kann zum Wachstum beitragen, auch wenn es in einer Marktwirtschaft nicht gleich anerkannt wird. Jeder hat prinzipiell die Voraussetzungen Leistungen für das Wachstum zu erbringen. Das findet Anerkennung. Jeder kann also wohlhabend werden.

3. Das Leistungsvermögen, mit dem jeder Mensch geboren wird, kann durch äußere Bedingungen, zum Beispiel im Elternhaus, Waisenhaus oder Schule gefördert oder

gehemmt werden. Aber auch schon in der vorgeburtlichen Phase. Werden sie gefördert dann führt das in der Regel zu Erfolgen und zu Wohlstand. Wohlhabende Menschen sollten deshalb die anderen fördern und nicht hauptsächlich Almosen geben.

4. Die Förderung der anderen trägt zur Entwicklung bei, Almosen zum Stillstand. Das ist aber nicht zu verwechseln mit selbstloser Unterstützung von Menschen, die sich in einer Notlage befinden. Aber Menschen, denen wir dauerhaft Almosen geben, damit Sie überleben können, ohne Sie zu fördern, stellen wir automatisch auf ein Abstellgleis, auf denen Sie nicht gehören. Manchmal ist es Bequemlichkeit auf beiden Seiten.

5. Die Begabungen und Talente eines jeden Menschen bleiben erhalte, auch wenn Sie bisher durchäußere Bedingungen gehemmt wurden. Das Denken bleibt und damit auch die Möglichkeit der Veränderung, im Sinne, seine Begabungen und Möglichkeiten zu entwickeln und umzusetzen. Seine Vorurteile und Glaubenssätze zu ändern und die schöpferische Wunscherfüllung einzusetzen. Schlussendlich dadurch wohlhabend zu werden. Und das nicht ausschließlich im materiellen Sinne.

Diese Aufzählung entspringt nicht meinem theoretischen Denken, sondern meinen praktischen Erfahrungen. Als Coach habe ich mit Unternehmern gearbeitet, Künstlern, Sportlern, Erfindern, Politiker, mit Arbeitslosen, sozial benachteiligten Jugendlichen, mit sogenannten ADHS Betroffenen und vielen anderen. Alle Menschen haben einzigartige Begabungen und Veranlagungen die wertvoll sind und zur Entwicklung aller beitragen können.

Egal, in welcher Situation Sie sich befinden. Sie können denken und Gefühle haben! Damit schöpferisch Ihr Leben ändern. Manchmal brauchen Sie Hilfe. Aber wenn Sie sich Hilfe suchen und diese ehrlich in der schöpferischen Wunscherfüllung wünschen, dann werden Sie auch die richtige Hilfe erhalten. Manchmal merken sie es auch erst später, da sie ja Hilfe erfahren haben. Jeder kann alles erreichen. Praktische Beispiele aus jeder Situation heraus kenne ich genug. In diesem Buch finden Sie alles was sie dazu brauchen, um glücklich, erfolgreich und wohlhabend zu werden.

Was sehen Sie, wenn sie sich Wohlstand wünschen. Ein Haus, ein Auto, eine tolle Wohnungseinrichtung, ein großes Bankkonto. Stellen Sie sich die Dinge vor, die nach Ihren Vorstellungen Wohlstand für Sie bedeuten. Was schafft Ihnen die Sicherheit und Freiheit. Was brauchen sie dazu. Stellen Sie sich auch vor, was Sie mit diesem Wohlstand machen. Wie gut sie sich zum Beispiel fühlen wenn sie in ihrem Traumauto fahren. Wie gut Sie sich fühlen wenn Sie Freunde, Verwandte oder auch Fremde durch Ihren Wohlstand auf vielfältige Art und Weise unterstützen auf Ihren eigenen Weg. Wie sie also im Wohlstand leben und wie dieser Wohlstand direkt und indirekt ausstrahlt auf die Entwicklung anderer. Bauen sie alle diese Vorstellungen in die Selbsthypnose ein. Ich kann Ihnen jetzt ein Beispiel dafür zeigen. Inhaltlich können Sie es dann auf Ihre persönlichen Wünsche modifizieren.

Beispiel einer Selbsthypnose: Ihr Wunsch nach Wohlstand

„Sie stehen wieder an Ihrem Lebensbaum. Nach der üblichen Begrüßung gehen sie langsam und gelassen über die Wiese. Dort treffen sie auf Ihren Engel und sie begrüßen sich voller Freude. Ihr Engel nimmt Sie an die Hand und sie gehen gemeinsam weiter. Ihr Begleiter kommt direkt aus dem universellen Bewusstsein, der Ihnen den Wunsch nach Wohlstand, so wie sie sich ihn vorstellen, erfüllt. Er führt sie an einen sehr schönen Ort am Rande der Wiese. Am Wald an einem See. Dort steht ein wunderschönes Haus.

Es ist Ihr Haus oder ein Wohnhaus mit ihrer Wohnung drin. So wie sie sich das immer vorgestellt haben. Sie sehen es in allen Einzelheiten, mit einer großen Terrasse, einen schönen Garten usw. Sie gehen hinein und fühlen sich zuhause. Es ist als wohnen Sie schon in diesem Haus. Sie gehen durch die Räume und alles ist so, wie es sein soll. Sie fühlen sich großartig und glücklich. Sie haben es geschafft und sind frei von allen Geldsorgen. Auf dem Schreibtisch Ihres Arbeitszimmers liegen Kontoauszüge. Sie sehen, wie viel Vermögen Sie besitzen. Gleichzeitig denken Sie, was sie mit diesem Vermögen alles machen. Sie sehen auf dem Schreibtisch Projektunterlagen. Prospekte mit Projekten die sie schon umgesetzt haben und Entwürfe, über Projekte, die sie noch machen wollen usw.

Sie sind stolz auf Ihre Erfolge und Ihren Möglichkeiten. Darunter sind auch soziale Projekte die Ihnen besonders am Herzen liegen. Sie sind dankbar dafür, dass Sie die Möglichkeit haben diese Projekte aufzubauen oder zu fördern. Sie spüren eine große Dankbarkeit. Dann verlassen sie Ihr Haus wieder und treffen vor dem Haus Ihren Engel, der sie strahlend anlächelt. Sie können nicht anders. Sie gehen zu ihm und umarmen ihn voller Dankbarkeit und Freude. Sie haben das universelle Bewusstsein umarmt und wurden auch von ihm voller Liebe empfangen. Es gibt keinen Zweifel, dass Ihre Wünsche angenommen wurden und wahr werden. Danach gehen sie wieder über die Weise zu ihrem Lebensbaum.

Wenn sie wollen umarmen Sie ihn, denn sie sind immer noch voller Freude und Dankbarkeit. Sie legen sich dann auf die Weise und zählen bis drei und erwachen voller Freude, Dankbarkeit und Gewissheit."

KURZFASSUNG: Ihr Engel zeigt Ihnen Ihren Wohlstand. Danach wie beschrieben. Bis zur dankbaren Umarmung mit Ihm, wenn sie wieder zurückkommen.

8. Die Power- Selbsthypnose

In den meisten Fällen haben Sie mehr als einen Herzenswunsch. Sie brauchen deshalb nicht in mehrere Selbsthypnosen zu gehen. In der Power Selbsthypnose zeige ich ihnen wie sie das in einer Hypnose ins universelle Bewusstsein zur Ihrer Wunscherfüllung transportieren können.

Diese Selbsthypnoseanwendung beruht auf langer Erfahrung im Selbsttest und in der Arbeit mit vielen Klienten in meinem Coaching. Es beinhaltet alle visuellen und emotionalen Aspekte, um optimal Wünsche zu erfüllen. Ich erkläre es Ihnen Schritt für Schritt.

Bevor wir in die Hypnose gehen, hier noch einige Tipps:

1. Sehen Sie sich als ein Teil von einem Ganzen. Alle Teile des Ganzen, wie erklärt, sind Teile von Ihnen. Denken und fühlen Sie es. Sie kooperieren mit einander und können darin Ihre Wünsche erfüllen. Es besteht aus dem Körper, dem Denken, den Gefühlen, den Tiefenbewusstsein und dem universellen Bewusstsein. Mit dieser Überzeugung komme Sie leichter und wirkungsvoller in die Hypnose.

2. Wenn Sie gut visualisieren können, dann sind Sie schon im Vorteil. Jeder hat die Voraussetzung zu visualisieren. Einigen fällt es aber am Anfang schwer. Üben Sie es indem sie auf etwas schauen, dann die Augen schließen und sich dieses Bild vorstellen. Oder schauen Sie sich einen

Gegenstand an, decken ihn zu oder gehen in ein anders Zimmer und malen dann diesen Gegenstand auf ein Blatt Papier. So schulen Sie Ihre visuelle Vorstellungskraft.

3. Fällt es Ihnen schwer, in die Entspannung zu gehen, dann überprüfen Sie als erstes, ob Sie sich die richtigen äußeren Voraussetzungen, wie im Buch beschrieben, dafür geschaffen haben. Gibt es etwas, was Sie vielleicht in dem Raum stört oder in Ihren derzeitigen Gedanken? Beseitigen Sie alles Störende. Lassen Sie sich Zeit bei der Entspannung und setzen Sie sich nicht unter Druck. Sie können sicher sein, auch wenn es am Anfang länger dauert, mit der Zeit wird es immer besser.

Durchführung der Power- Selbsthypnose

Gehen Sie wie gewohnt in die Entspannung und dann in Ihr Tiefenbewusstsein.

Am Anfang ist es hilfreich, die dafür beschrieben drei Etappen zu benutzen. Also das entspannte Ein- und Ausatmen die sie immer tiefer in die Entspannung führen. Die Treppe hinuntersteigen, zu ihrem Lieblingsort, wo sie beginnen zu visualisieren und zu fühlen. Die Liege, die sie wie ein Fahrstuhl weiter nach unten in Ihr Tiefenbewusstsein bringt. Schließlich die Umarmung Ihres Lebensbaumes, welche sie emotional mit dem Tiefenbewusstsein verbindet.

„Sie stehen an Ihrem Lebensbaum auf der Wiese und sehen Ihren Engel. Sie empfinden eine große Freude dabei. Gehen zu Ihrem Engel und umarmen Ihn glücklich bei der Begrüßung"

Der Engel ist das Symbol des universellen Bewusstseins und so sollte Sie es empfinden. Damit haben sie direkten Kontakt auf genommen. Bei allem was jetzt passiert, werden Sie vom universellen Bewusstsein begleitet und gestärkt.

„Ihr Engel tritt von hinten in ihren Körper ein und erfüllt ihn mit Wärme und Energie. Er befindet sich jetzt in ihrem Körper. Sie spüren ihn in sich. Sie spüren seine Energie. Es fühlt sich sehr gut und vertraut an. Sie spüren, wie diese Energie jede einzelne Zelle in Ihren Körper stärkt. Dabei fühlen sie es, beginnend von den Füßen immer weiter nach oben. Es ist warm und angenehm. Falls sie gesundheitliche

Probleme haben wird es an dieser Stelle sehr warm. Diese Wärme verweilt eine kurze Zeit an dieser Stelle, bis sie sich richtig gut fühlen. Danach geht es in Ihrem Körper weiter. Manchmal wird es auch wärmer, wo sie noch kein Problem verspüren. Aber Sie lassen es zu und genießen diese wunderbare intime Vereinigung mit Ihrem Engel. Sie spüren diese wunderbar heilende Energie. Ihr Engel tritt wieder, diesmal von vorn aus Ihnen. Sie sind voller Glück und Liebe. Sie umarmen ihn und er Sie. Sie bedanken sie bei ihm für diese wundervolle Stärkung ihres Körpers und Ihrer Gefühle."

Es ist eine gezielte Aktivierung Ihres Körpers durch das universellen Bewusstseins, über die Sprache der Gefühle. Ihr Körper, wie alles andere auch, ist mit dem universellen Bewusstsein durchzogen. Mit diesem Erlebnis aktivieren Sie ganz gezielt ihr universelles Bewusstsein, um Ihren Körper zu stärken oder auch zu heilen. Lassen sie Ihren Engel immer von hinten eintreten und von vorne wieder austreten. Es hat sich gezeigt, dass so der Prozess im Körper und das anschließende Resultat besser nachempfunden und gefühlt werden können.

Diesen Vorgang der Stärkung oder Heilung können Sie auch separat durchführen. Wenn Sie gelernt haben, schnell in Ihr Tiefenbewusstsein zugehen, können Sie es jederzeit auch nur mal für ein oder zwei Minuten anwenden. Es wirkt besser als jeder Energietrink oder so manche Medizin. Vergessen Sie aber zum Schluss nie die Dankbarkeit. Dadurch fühlen sie sich mit dem universellen Bewusstsein tief verbunden und es verfehlt seine Wirkung nicht.

„Nun gehen Sie Hand in Hand mit Ihrem Engel durch die Weise zu einem Lichtstrahl, der senkrecht von oben auf die Wiese trifft. Er ist groß, so dass sie sich hineinlegen können. Ihr Engel fordert Sie auf, sich hineinzulegen, was sie auch tun. Sie sind ganz vom Licht eingehüllt und fühlen sich sicher. Jetzt bemerken sie, wie sie anfangen, im Lichtstrahl langsam nach oben zu schweben. Sie schauen nach unten und sehen wie sich die Wiese langsam immer weiter von Ihnen entfernt. Sie fühlen sich ganz geborgen und sicher in diesem Strahl.

Nun sehen sie wie Schatten nach unten sinken auf die Wiese. Dort lösen sie sich auf. Jetzt bemerken Sie, dass diese Schatten aus ihren Rücken kommen. Sie beobachten nun, wie sie sich aus ihren Rücken lösen. Jedes Mal wenn sich ein Schatten aus ihrem Rücken löst, fühlen Sie ein leichtes kribbeln und danach fühlen Sie sich gut. Immer besser und leichter, mit jedem Schatten, der sich löst. Bis alle aus ihnen Sie herausgekommen sind und nach unten schweben, wo sie sich auflösen. Jetzt schauen sie wieder nach oben und sehen ein großes Licht am Ende des Strahls. Sie kommen immer näher und das Licht wird immer größer. Je näher Sie kommen, umso glücklicher fühlen Sie sich. Sie möchte zu diesem Licht.“

Jeder Mensch hat unverarbeitet hemmende Erlebnisse, die ihm bewusst sind oder es schnell in sein Tiefenbewusstsein verband hat, um sich nicht mehr daran erinnern zu müssen. Egal, alle diese Erlebnisse bauen mehr oder weniger Blockaden auf. Diese Blockaden müssen gelöst werden, um optimal in den schöpferischen Wunscherfüllungsprozess einzutreten. Licht ist positive Energie. Darin verlieren Sie nun diese bewussten und unbewussten Blockaden in Form von Schatten. Es ist notwendig, dass Sie diese Schatten nicht nur sehen, sondern fühlen, dass es Ihnen immer besser geht. Es ist der Weg zur Befreiung Ihrer Blockaden, die zu Ängsten, Vorurteilen oder falschen Glaubenssätzen führen kann und ihre Wunscherfüllung negativ beeinflusst, wenn nicht sogar verhindert. Es wird Ihnen in kurzer Zeit leichter fallen, alles das loszulassen. Nehmen Sie deshalb diesen Weg ernst.

„Sie kommen ins Licht und merken wie sich Ihr Körper selbst in Licht und Energie umwandelt. Ihr Köper besteht nur noch aus Licht und Energie. Sie fühlen sich vollkommen frei. Dort im Licht sehen Sie wieder Ihren Engel, der ebenfalls ein Energiekörper ist. Sie gehen zu ihm. Er nimmt Sie an die Hand und führt Sie durch eine Tür auf einen großen Balkon. Sie sehen das ganze Universum. Die Sterne und Lichtnebel, Planeten und vieles mehr. Es ist ein überwältigender Anblick.

Sie fühlen sich vollkommen frei. Sie stehen nun mit ihrem Engel als Lichtwesen auf dem großen Balkon des Universums.

Ihr Engel nimmt sie an die Hand und führt sie zum Rand des Balkons. Sie schauen nach oben auf das Universum und sehen in der Mitte ein besonders helles Licht, welches sich Ihnen nähert. Dieses Licht kommt zu Ihnen und hüllt sie ganz ein. Jetzt haben Sie den direkten Kontakt."

Nach dem Sie Ihren Körper im Lichtstrahl vollkommen gereinigt haben, können Sie ihre Körperlichkeit auflösen und zu reinem Licht und Energie werden. Sie fühlen sich frei. Damit verlassen Sie für einige Zeit die materielle Welt und können nun direkt ins universelle Bewusstsein eintauchen.

„Plötzlich befinden Sie sich, ganz körperlich, in einer schönen Straße. Eine Straße, die sie kennen oder die Sie sich immer vorgestellt haben. Eine Straße in der sie leben wollen. Sie kommen zu einem Haus und gehen hinein. Jetzt befinden Sie sich in Ihrer Wohnung. Sie ist genau die, die sie sich immer gewünscht haben. Aber jetzt ist es Ihre Wohnung. Sie fühlen sich überglücklich. Sie laufen durch die Wohnung und sehen sich alles an. Alles ist richtig gut. Sie fühlen, Sie haben es geschafft.

Sie wissen, dass Sie sich im universellen Bewusstsein befinden. Hier werden Ihre Wünsche wahr und sie wissen, dass es nun auch Realität wird. Sie sind glücklich und dankbar dafür.

An der Wand sehen sie Bilder. Darauf sind sie mit ihrem Traumauto. Auf einem andern Bild sehen Sie sich in Afrika in einer Schule mit lauter Kindern, die Sie finanziell unterstützen. Sie haben genug Geld und können sie unterstützen. Sie sind dankbar dafür. Sie gehen weiter durch die Wohnung hinaus auf die Terrasse."

In diesem Fall ist es eine schöne Wohnung ein Auto und ein soziales Projekt in Afrika. Sehen sie alle die Dinge die Sie sich persönlich in Ihrem Wohlstand wünschen. Wünschen

Sie sich Wohlstand durch Erfolg und für die Entwicklung aller. Das kann auch ein Unternehmen mit zufriedenen Mitarbeiter sein. Die gerne zu ihnen auf Arbeit kommen.

„Auf der Terrasse treffen Sie auf einen Menschen. Er schaut Ihnen tief in die Augen und sie wissen sofort. Das ist er. Das ist der Partner, mit dem sie glücklich sind und er mit Ihnen. Er ist Ihnen sehr vertraut. Sie gehen zu Ihm und umarmen Ihn. Was für ein wunderbares Gefühl! Es ist, als verschmelzen sie mit einander. Dann küssen sie sich und sie sind glücklich. Er schaut Sie tief in die Augen, so dass Sie tief in seine Seele schauen können. Sie sehnen dort Liebe und Vertrauen. Dann sagt er zu Ihnen, ich bin hier für dich. Danach stehen Sie wieder auf dem Balkon des Universums und sehen, wie dieser helle Lichtstrahl von Ihnen zurück in die Mitte des Universums wandert."

Konzentrieren Sie sich bei der Begegnung mit Ihrem Partner auf seinen/ihren Körper und die Augen. Stellen Sie sich nicht einen Partner vor, den Sie kennen. Finden Sie in der Seele des Partners alle die Eigenschaften, die sie von ihm möchten. Vor allem aber fühlen sie. Ihre Herzenswünsche haben sie nun, direkt in das universelle Bewusstsein geben. Es ist die stärkste Art sich mitzuteilen und Wünsche wahr werden zu lassen. Ihre Wünsche werden wahr.

„Jetzt stehen Sie wieder mit Ihrem Engel als Lichtwesen auf dem Balkon des Universums. Sie sind immer noch ganz benommen von diesem Glück. Sie umarmen Ihren Engel vor Dankbarkeit, weil er sie hier hingeführt hat. Nun gehen Sie wieder zurück in den Licht Raum zum Lichtstrahl, der nach unten führt.

Sie gehen in den Lichtstrahl hinein und sinken langsam nach unten in Richtung Wiese. Je tiefer Sie sinken, umso mehr nehmen sie ihre Körperlichkeit wieder an. Sie fühlen wieder ihren Körper und das fühlt sich großartig an. Sie stehen nun wieder auf der Wiese. Ihr Körper fühlt sich stark topfit an. Sie genießen diesen Körper mit jedem Schritt, den Sie gehen. Ihr Engel sieht Ihnen freundlich, lächelt zu. Nun verabschieden Sie sich von Ihm, umarmen Ihn noch einmal und bedanken sich. Sie legen sich auf die Wiese und zählen bis 3. Sie erwachen mit dem Gefühl alles wird wahr."

Diese Power Hypnose ist die wirkungsvollste, die ich in meiner langjährigen Praxis entwickelt habe.

9. Ein extrem wirkungsvolles Gebet für alle

Auf der ständigen Suche und Verbesserung meiner schöpferischen Wunscherfüllungsmethoden hab ich mich vor Jahren auch mit der Kraft der Gebete beschäftigt. Es gibt viele Berichte über positive Auswirkungen von Gebeten. Es gibt auch Berichte, die Gebete als Aberglauben bezeichnen. Beschäftigt man sich intensiver damit, dann kommt man zu folgenden Ergebnissen.

Gebete wo jemand für sich selbst bittet, können eher in Erfüllung gehen, besonders wenn er sie überzeugter mit seinen ganzen Gefühlen spricht. Auch Gebete für einen Menschen mit dem man seelisch sehr verbunden ist und er durch Krankheiten nicht für sich selber beten kann, haben oft eine positive Wirkung. Zu diesem Thema habe ich bei der Wunscherfüllung im Abschnitt „Gesundheit" schon geschrieben.

Gebete richten sich meistens an Gott. Je nach Religion ist die Gottesvorstellung unterschiedlich. Was aber der von mir vorgestellte Weg zur schöpferischen Wunscherfüllung mit einem Gebet zu Gott gemeinsam hat, ist das Wünschen über Gefühle, Überzeugungen und in Dankbarkeit, die an das universelle Bewusstsein gerichtet ist.

Ich hatte nun überlegt, wenn ich das Gebet an „Vater unser der du bist im Himmel" entpersonifiziere, also niemanden anspreche, der irgendwo außerhalb über mir steht, sondern das universelle Bewusstsein anspreche, welches ein Teil von mir ist, dann bekommt das Gebet eine völlig andere

Richtung. Eine Richtung wo tatsächlich Wünsche dort angenommen werden, wo sie auch erfüllt werden können.

Ich entwickelte also mit diesem Ziel ein Gebet für mich, welches ich täglich am Morgen sprach. Mit der Zeit empfahl ich es guten Klienten von mir und habe es dann einmal in meinem E-Book „Coaching zu: Den sieben geistigen Gesetzen des Erfolgs. nach Chopra, veröffentlicht. Das Ergebnis war, es gab eine große positive Resonanz. Mit einer so großen Zustimmung hatte ich selbst nicht gerechnet. Selbst Christen beten das „Vater unser" und danach mein Gebet. Deshalb möchte ich es unbedingt in diesem Buch vorstellen, es erklären und erstmalig eine Anleitung dazu geben, wie es noch wirkungsvoller angewandt werden kann.

Es handelt sich hier ganz sicher nicht um eine neue Religion, sondern um eine Möglichkeit in der Ganzheitlichkeit unseres Daseins, unsere eigenen Potenziale besser zu nutzen.

Schließen Sie die Augen dabei.

Das Gebet

„Vater du bist das Bewusstsein dieser Welt"

Auch wenn das Wort Vater sehr an das Vater unser erinnert, so ist dieses Wort gefühlsmäßig daran gebunden, etwas zu sein aus dem wir kommen und das ein Teil von uns ist. Natürlich können sie auch etwas anders dazu sagen. Ich persönlich habe nichts Passenderes gefunden. Vielleicht sollte man ja einen bekannten Begriff lieber verwenden und umdeuten, als krampfhaft eine andern zu suchen, der dann zweite Wahl ist.

Wichtig ist das Sie in diesem Satz ein festes überzeugtes Gefühl haben: „Es gibt dich, universelles Bewusstsein (Vater), du bist ein Teil von mir und ich rede mit dir, in der universellen Sprache der Gefühle."

„Erfülle mich mit deinem Geist, deiner Liebe und deiner Energie. Lass mich Teil deiner Kraft sein."

Der Geist des universellen Bewusstseins hat die Aufgabe jeden Menschen für seine Weiterentwicklung alles zu geben, was er sich wünscht, um als Ganzes zur Entwicklung beizutragen. Wenn sie Geist sagen, dann fühlen sie den Geist in Ihrem Kopf.

Die Liebe ist das stärkste positive Gefühl des Daseins. Verbinden Sie sich deshalb mit diesem Gefühl in diesem Gebet. Fühlen Sie Liebe in Ihrem Herzen beim Sprechen dieses Wortes, so stark sie können.

Energie ist die Kraft, die uns in unserem materiellen Dasein vorwärtsbringt. Fühlen sie diese Energie und diese Kraft in Ihrem ganzen Körper in dem Moment, wo sie es sprechen. Machen sie also nach jedem Wort eine Pause, damit sie es auch fühlen können.

„Beschütze mich vor den Schatten der Vergangenheit, der Gegenwart und der Zukunft. Denn ich bin auf Erden nur ein Mensch, verletzlich und fehlbar."

Über diese Schatten haben wir in diesem Buch auch schon ausführlich gesprochen. Es sind Blockaden, die sich durch unser Tun entwickeln, wie Ängste, Liebeskummer, Trauer, Zweifel usw., Vorurteile und falsche Glaubenssätze und uns in falsche Kooperationen führen.

„Lass deinen Geist, deine Liebe und deine Energie durch mich, als ein Teil von dir, auf der Erde wirken."

Hier fühlen Sie, dass Sie diese Kräfte des universellen Bewusstseins, die immer schon in ihnen sind und sie durch strömen, nutzen wollen, um als Teil des Ganzen zur Entwicklung beizutragen. Fühlen Sie, wie gut es sich anfühlt selbst Schöpfer zu sein. Fühlen Sie Liebe und Dankbarkeit, dass sie es sein können.

„Und gib mir dafür Liebe und Glück in einer Partnerschaft, Gesundheit und ein langes Leben, Erfolg und Wohlstand, damit ich alle meine Kräfte dafür einsetzen kann."

Hier können Sie ihre eigenen Herzenswünsche einsetzen. Visualisieren sie dabei jeden Ihrer Herzenswünsche, wie in der Hypnose und fühlen sie, wie gut es sich anfühlt, wenn es Wirklichkeit ist. Lassen Sie sich also Zeit bei Ihren Herzenswünschen in diesem Gebet. Nach jedem Herzenswunsch machen Sie eine Pause und visualisieren ihn. Fühlen Sie wie gut es ist, dass Sie dann besser Ihre ganze Kraft für das Ganze einsetzen können. Sie fühlen sich nicht als Einzelperson, sondern sind viel mehr, nämlich ein Teil der gesamten Schöpfung.

„Ich danke dir Vater."

Fühlen Sie in diesem Moment tiefe Dankbarkeit dafür und senden sie die aus, weil Ihnen in diesem materiellen Leben alles gegeben wird, was Sie Glück und Erfüllung erleben lässt.

Wenn sie wollen, versuchen Sie es mal mit diesem Gebet. Richtig ausgeführt enthält es alles für Ihre Wunscherfüllung. Die besten Zeitpunkte sind dafür am Morgen oder am Abend vor dem Schlafen gehen oder im Bett vor dem Einschlafen.

10. Leben Sie ganzheitlich mit Ihrer Wunscherfüllung

Wenn sie nun alles richtig gemacht haben, erfüllen sich Ihre Wünsche trotzdem nicht von allein. Sie bekommen direkte und indirekte Kooperationsangebote die Sie erkennen und danach handeln müssen. Diese Angebote die ihnen das universelle Bewusstsein gibt sind aber mit unserem Verstand oft nicht leicht zu erkennen.

Sie fangen zwangsläufig an zu denken. Was muss ich machen, damit meine Wünsche in Erfüllung gehen? Welche Kooperationen brauche ich dafür? Und so weiter. Sie fokussieren sich in ihrem Tun auf die praktische Umsetzung Ihrer Wunscherfüllung nach Ihren bisherigen Erfahrungen und Wissen.

Damit legen Sie sich fest und schränken sich viel zu sehr ein. Sie erkennen dadurch nicht die tatsächlichen Möglichkeiten, auch Kooperationsmöglichkeiten, die Ihnen, aufgrund Ihrer Wünsche die Sie manifestiert haben, angeboten werden. Deshalb wird in vielen Seminaren und Büchern zu diesem Thema häufig gesagt: „Lassen Sie, nach dem Sie ihre Wünsche gesetzt haben, los." Das stimmt, nach meinen Erfahrungen nur begingt. Ist sogar in gewisser Hinsicht falsch.

Ihr Bewusstsein, Denken und Fühlen ist fest in der materiellen Welt verankert. Das ist auch richtig, denn Ihre Aufgabe ist es hier neue Gefühle und neue Gedanken zu entwickeln, in dem Sie in der materiellen Welt tätig sind. Damit entwickeln Sie, wie schon erklärt, sich und auch das Ganze.

Sie haben zwar gelernt, wie sie schöpferisch Wünsche in das universelle Bewusstsein geben aber Sie müssen auch lernen, wie Sie diese Hilfe, die Sie nun bekommen, erkennen und umsetzen. Dabei ist es notwendig, dass Sie sich noch einmal darüber bewusst sind, dass das universelle Bewusstsein auch unmittelbar ein Teil von Ihnen ist, mit denen Sie jederzeit über Gefühle kommunizieren können. Danach müssen Sie ihr Denken und Handeln ausrichten. Sie müssen also ständig ein Teil des Ganzen bleiben. So erkenne Sie die Möglichkeiten, die es Ihnen bietet.

Nutzen Sie deshalb nicht nur Ihren Verstand und Ihr EGO. Sondern verbinden Sie sich mit dem Ganzen, um Ihre Wünsche wahr werden zu lassen.

Wie können Sie einen ständigen Kontakt mit dem universellen Bewusstsein und Ihren Herzenswünschen aufbauen?

Schaffen sie sich in Ihrem Lebensräumen Kraftorte, bei denen Sie immer spüren, wie gut es sich anfühlt, wenn Ihr Wunsch in Erfüllung gegangen ist.

Dadurch lässt es Sie selbst nicht zweifeln und fokussiert unmissverständlich ihre Herzenswünsche, die Ihnen immer gegenwärtig sind. Da sie dabei ständig Ihre Gefühle sprechen lassen, lerne Sie, mit der Zeit Gefühle und Intuitionen zu erkennen, die zu Ihrer Wunscherfüllung führen. Sie nutzen also dann nicht nur Ihren Verstand, sondern öffnen Ihrer emotionale Intelligenz, mit dem Ziel Ihrer Wunscherfüllung. So erkennen Sie auch die vielen Möglichkeiten, die Ihnen angeboten werden.

Diese Kraftorte müssen sie sich selbst schaffen. Zum Beispiel habe ich meinen Atlantis Ring, von dem ich berichtet habe, erst zum starken Kraft Ort gemacht, in dem ich ihn voller Überzeugung und Gefühlen die Energie zugeschrieben habe, dass er mir Schutz und Glück gibt. So habe ich ihn bekommen und nun immer das Gefühl, dass er es tut. Man sagt: „Glaube (Gewissheit) versetzt Berge" und genauso ist es auch, weil wir hier Informationen frei setzen die gehört werden und helfen.

Wichtig: Wünschen Sie sich nicht das Ihre Wünsche in Erfüllung gehen. Sondern fühlen Sie nur, wie gut es sich anfühlt, wenn sie war geworden sind.

Dabei ist es hilfreich, sich Gegenstände zu suchen, denen schon von vorherrein eine positive Wirkung nachgesagt wird. Es fällt den meisten leichter darin, auch ihre Gefühle zu manifestieren. Im Prinzip ist es aber für die Wunscherfüllung völlig, egal welche Gegenstände Sie sich auswählen. Wichtig ist nur, dass diese Gegenstände in Ihrem Leben stets gegenwärtig sind. Sie sollten sie öfter tragen oder ansehen können. Immer wieder daran denken, wie gut es sich anfühlt, wenn Ihre Wünsche erfüllt sind. Dann transportieren Sie diese Gefühle und Informationen immer stärker in ihr Tiefenbewusstsein und setzt es sich mit der Zeit dort fest. Es wirkt also auch dann, wenn Sie nicht daran denken aber ihren Kraft Ort tragen oder sehen. Sie haben auf diesem Weg eine Brücke zum universellen Bewusstsein aufgebaut, ohne dass sie noch ständig daran denken müssen. Dadurch finden Sie auch besser die wirklich richtigen Kooperationen, ohne dass es Ihnen bewusst wird.

In meinem Coaching setze ich deshalb öfter die Wünsche während der Tiefenhypnose in einen Gegenstand hinein. Damit wirken sie gleich von Anfang an stärker. Das hilft bei der Wuncherfüllung aber auch bei der Beseitigen von Ängsten, Selbstbewusstseinsschwächen und vieles mehr. Manchmal mit einer selbst für mich verblüffend schneller Wirkung.

Die Möglichkeiten, sich seine Kraftorte aufzubauen sind unbegrenzt. Hier einmal einige Beispiele, welche ich für mich aufgebaut habe:

Mein Gebet spreche ich vor einem wunderschönen kleinen Meditationskreuz, der in meinem Arbeitszimmer hängt. Dort befinde ich mich fast täglich. Immer wenn ich nun mein Meditationskreuz bewusst sehe, denke ich an mein Gebet und meine Wuncherfüllung. Natürlich geschieht das mit der Zeit auch schon unterbewusst.

Ich habe mir ein Bild gekauft, das in der Diele hängt und für mich Wohlstand und Reichtum fühlen lässt. Das Bild hängt so, dass ich es immer sehen muss wenn ich durch die Diele laufe. Jedes Mal lässt es mein Herz höher schlagen, wenn ich es sehe und ich fühle den Wohlstand.

Mein Atlantis Ring trage ich Tag und Nacht, wo ich auch bin. Er lässt mich Erfolg, Glück und Sicherheit fühlen. Ich bin überzeugt, er hat mir schon sehr oft geholfen und bin aufrichtig dankbar dafür.

An meinen Fensterscheiben habe ich Kraftsymbole, SRI YANTRA, in jedem Zimmer. Symbole die für mich Erfolg, Wohlstand und Gesundheit in das ganze Zimmer ausstrahlen. Manchmal stelle ich mich mitten in den Raum und fühle diese Energie.

Kurze Erklärung des Sri-Yantra, von Michael Friedrich Vogt

„Der Mensch ist kosmisches BewußtSEIN in einem irdisch-physischen Körper. Und mit diesem Bewusstsein sind wir in der Lage, unsere Bewusstseinsimpulse auf einer Energiewelle reiten zu lassen, die wir selbst erzeugen können, wenn wir gelernt haben, diese Haltung der „absichtsfreien" (*nicht für die Beeinflussung anderer sondern nur zum Wachstum des Ganzen*) Konzentration einzunehmen, wie wir sie durch die Praxis der Meditation (*Sebsthypnose*) erlernen und erleben können. Auch das SRI-YANTRA kann diese mit uns resonanten Energiewellen erzeugen und uns dabei unterstützen, diese Energiefelder aufzubauen und sie mit unseren Intensionen auf die Reise zu schicken ins Kosmische Bewusstseinsfeld. Und es ist unsere Fähigkeit zur Hingabe und zur Liebe die dieses Energie Tor öffnet, so dass wir unsere tiefsten Impulse und Intensionen durch die Welt und in dieses Kosmische Bewusstseinsfeld (*universelles Bewusstsein*) schicken können. Das SRI-YANTRA ist ein außergewöhnliches Werkzeug, für unsere Energie- und Bewusstseinsentwicklung und kann unsere Arbeit daran enorm verstärken und beschleunigen, nicht aber ersetzen."

Passt doch! Also warum nicht auf ein über 8000 Jahre altes Symbol zurückgreifen? Wichtig ist doch nur, dass man daran glaubt und die Energie und Gefühle der Liebe spürt.

Diese Aufzählung ist nur ein Beispiel. Suchen Sie sich ihre ganz persönlichen Kraftorte oder Symbole, nach Ihrem Geschmack und Ihren Wünschen.

Zum Schluss möchte ich Ihnen noch eines ans Herz legen. Sitzen sie nicht nur zuhause und warten auf die Erfüllung Ihrer Wünsche. Je aktiver sie sind, umso schneller gehen Ihre Wünsche in Erfüllung. Treffen sie sich also mit Freunden, gehen sie in Interessengruppen mit Interessen, die Sie wirklich interessieren, besuchen Sie Freunde, Bekannte und Verwandte, auch die, die Sie schon lange nicht mehr gesehen haben, engagieren Sie sich in einer sozialen Gruppe und vieles mehr. Bewegen Sie sich also aktiv und tragen sie durch Ihre eigene Kooperationsbereitschaft direkt oder indirekt zur Wunscherfüllung anderer bei, umso schneller werden auch Ihre Wünsche war.

11. Zusammenfassung

Schaffen Sie die besten Voraussetzungen für ihre schöpferische Wunscherfüllung, in dem sie Zweifel und Vorurteile abschaffen, hemmende Glaubenssätze in förderliche Umwandeln und alle überflüssigen negativen Gedanken und Gefühlen loslassen.

Denken, Körper und die physische Welt, Gefühle, Tiefenbewusstsein, universelles Bewusstsein sind miteinander verbunden und beeinflussen sich wechselseitig. Sie bilden ein Ganzes. Die Kommunikation zwischen ihnen findet über die Gefühle statt.

Setzen Sie ihren Verstand nicht über Ihre Gefühle. Ihr Verstand besteht aus Halbwissen, Vorurteilen und Glaubenssätzen. Ihre Gefühle sind die Sprache Ihrer Seele und wahr. Sie zeigen Ihnen den Weg zu Ihrem Glück in diesem Leben. Bewerten Sie sie deshalb nicht mit Ihrem Verstand, denn dazu ist er nicht in der Lage. Setzen Sie ihn ein, um Ihre Gefühle zu folgen und die richtigen Entscheidungen zu treffen. Die Gefühle sind die universelle Sprache auf allen Ebenen. Verstehen wir die Sprache der Gefühle und können mit ihnen auf allen Ebenen kommunizieren, dann können Sie alles erreichen, was sie wollen, sofern es der Weiterentwicklung dient.

Unser Tiefenbewusstsein ist die Brücke zum universellen Bewusstsein. Wünsche werden deshalb am schnellsten und unmissverständlich über diese Brücke ins universelle Bewusstsein gebracht.

Alle Daseinsformen sind auf Weiterentwicklung ausgelegt. Unsere Ziele und Wünsche müssen darin eingebaut werden, um in Erfüllung zu gehen. Alle Herzenswünsche, die dieser Entwicklung dienen und dem universellen Bewusstsein mitgeteilt werden, werden von Ihm unterstützt.

Wünsche werden war, wenn Sie die richtigen direkten und indirekten Kooperationsmöglichkeiten die Sie vom universellen Bewusstsein bekommen auch erkennen und nutzen.

Beim Korrekturlesen ist mir aufgefallen, dass ich verhältnismäßig viele Beispiele aufzeige, in denen Beziehungsprobleme eine Rolle spielen. Das ist kein Zufall. Tatsächlich spielen nichtbewältigte Probleme oder unverarbeiteter Liebeskummer nach einer Trennung oft eine entscheidende Rolle beim Scheitern der Wunscherfüllung. Falls Sie eine Betroffene oder ein Betroffener sind, empfehle ich Ihnen auch mein kleines Buch „Liebeskummer und Trennungsschmerz.". Als E-Book für 2,99€

Sie haben in diesem Buch alle Informationen und Anleitungen, die sie wirklich erfolgreich und glücklicher machen können, erhalten. Davon bin ich überzeugt. Das Einzige, was sie davon noch abhalten kann, ist die eigene Geduld und Ausdauer. Besonders bei der Arbeit mit ihren Vorurteilen und Glaubenssätzen. Das weiß ich aus meinen praktischen Erfahrungen mit Klienten. Halten Sie sich deshalb immer vor Augen, welchen enormen Mehrwert Sie erhalten, wenn Sie ernsthaft daran arbeiten. Ich wünsche Ihnen viel Erfolg.

12. Buchempfehlung

Das Buch, Traumata der Menschheit Teil I Trauma Sex", ist selbst für Dr. Lutz Knoche ein ganz besonders Buch. Seit Jahren beschäftigt er sich mit diesem Thema, das ihn auch in seiner praktischen Arbeit immer häufiger begegnete. Er führte dazu viele spektakuläre Recherchen und gezielte Interviews und Gruppendiskussionen durch, die in diesem Buch Einzug gefunden haben. Es ist die überarbeitete Fassung des Buches „EROS 300.000 Jahre Evolutions-Geschichte"

Wenn man offen über Sex schreibt oder öffentlich spricht, haben die meisten Menschen schon ein schlechtes Gefühl dabei. Was ist denn eigentlich los? Warum sind die stärksten und schönsten Gefühle den Meisten so peinlich. Sie können uns doch viel Freude und Lebenskraft geben. Man spricht nicht darüber wegen der Moral? Was für eine Moral und wer hat sie gemacht? Müssen wir dieser folgen, auch wenn wir anders fühlen und denken? Wenn doch unsere Träume und

Fantasien ganz anders aussehen? Wie ehrlich gehen wir damit um? Oder anders gefragt, warum belügen wir uns selbst? Um uns an die sogenannte Moral anzupassen? Warum wurde der Mensch in eine sexuelle Zwangsjacke gesteckt und schämt sich für seine ganz natürlichen Gefühle? Da stimmt doch etwas nicht. Immer mehr Scheidungen, Gewalt in der Ehe, dramatische Ereignisse durch Eifersucht und Beziehungsstress und vieles mehr, zeigen, dass sich grundsätzlich etwas ändern muss. Das Buch beantwortete diese Fragen und bringt den Lesern zum Nachdenken. Es kann der erste Schritt für eine neue, glückliche Zukunft sein.

Erscheint voraussichtlich im April 2021

ISBN: 9783753439693

Dr. Lutz Knoche

Die Bioenergetische Massage- Lehrvideo

Stress und traumatische
Erlebnisse manifestieren
sich auch körperlich. Es
entstehen
Energieblockaden.
Blockaden, die unseren
Körper   erheblich
schwächen können.

Das Video zeigt ihnen wie sie diese Störungen beheben oder
das allgemeine Wohlbefinden erheblich steigern können.
Zum   privaten   Gebrauch   oder   als   professionelle
Massageschulung geeignet.

**Sie erhalten es ab Mai 2021 als CD. Dauer ca. 90
Minuten,**

Preis: 29,95€

Bestellung und Bezahlung über pay pal

drlutzknoche@aol.com